JN023196

取引相場のない株式の評価

明細書の書き方が一目でわかる

のない
株式の評価
——完全入門 改訂版

税務経理協会

改訂にあたって

　「大廃業時代の足音」という衝撃的なタイトルが新聞の一面記事を飾ったのは、2017年10月のこと、そこには「2025年には6割以上の経営者が70歳を超えるが、経済産業省の分析では中小127万社で後継者不在の状態にある。」とされています。

　経済産業省の分析データによると、中小企業者の数は約381万社あり、そのうちの6割以上にあたる245万社において、2025年に経営者の年齢が70歳を超えると予測されています。その245万社の約半数である127万社において、後継者不在という状況なので、中小企業者全体の3分の1の企業者が廃業に危機にあるということです。

　約20年前までは、中小企業者の6割以上が親族から後継者を選んでいましたが、少子高齢化に加えて、近年の技術革新や環境変化等による産業構造の変化によって、親族の中から後継者を見つけることが困難になりつつあります。中小企業を対象としたM＆A（企業買収）も急増していますが、その他の動きとして、親族外の後継者を社内で育成するプログラムを導入したり、社外から広く募集する動きも出てきています。

　中小企業庁では、後継者を見つけるためのマッチング支援やM＆Aの際の金融支援も行っていますが、税制措置として「事業承継税制（納税猶予制度）」を整備して、親族内外の事業の移転について、手厚い優遇を行っています。事業承継税制の改正の経緯をみてみましょう。2008年の経営承継円滑化法の創設により、2009年度の改正で「非上場株式の納税猶予制度」が創設され、その後、2013年度の改正により、後継者の範囲に親族外の後継者を加える改正を行いました。最近では、2018年度の改正において10年間の「特例措置」を設けて、対象株式の上限撤廃、雇用要件の実質撤廃等を盛り込んだため、要件を満たせば納税なしに事業の承継が行える制度となりました。

　そのような背景の下、非上場株式の評価の実務は、ここ数年で急増しています。なぜなら、事業承継対策を行う上で、自社株式の評価額を算出して、自社の価値がどの程度なのかを確認することは、最初に行う作業であり、方針を決めるにあたって重要な情報となるためです。

　令和2年11月

税理士　平川　茂

は じ め に

　少子高齢化社会を迎え、中小企業の代表者の高齢化が進んでいるといわれている昨今、国税庁の統計では、平成27年度における法人数は約264万社とされています。上場企業数は約3,600社であることからすれば、日本における会社の大多数は、上場しておらず自社株の取引がされていない非上場企業ということになります。平成27年度税制改正による相続税の課税ベースの拡大による実質増税の影響もあり、特に非上場企業の相続・事業承継は大きな社会問題となっています。

　税制面では、中小企業の事業承継を促す目的で、平成21年度税制改正で事業承継税制が創設され、非上場株式等に係る相続税・贈与税の納税猶予制度が導入されました。また、平成30年度税制改正では、事業承継税制の特例制度が創設され、より一層、事業承継の促進に向けた取り組みが行われています。一方、非上場株式等の評価方法についても、平成29年度税制改正により、その適正化の観点から見直しが行われているところです。

　このように非上場株式のような取引相場のない株式等の評価は、中小企業の経営者の方々の将来の相続や、その後継者の方々への事業承継に向けた対応のために必要不可欠な要素であり、近年の社会情勢の変遷に合わせて、私たちの実務でも非常にニーズの高い業務になってきています。

　非上場企業は、資本金が100億円を超える上場企業に匹敵するような大会社から、資本金が100万円以下の個人企業のような小会社まで千差万別です。そこで、財産評価基本通達では、取引相場のない株式等を会社の規模に応じて大会社・中会社・小会社に区分し、それぞれに即した評価方式を定めています。

　財産評価基本通達に定められている取引相場のない株式等の評価方法は、「純資産価額方式」「類似業種比準方式」「配当還元方式」の3種類があり、「取引相場のない株式（出資）の評価明細書」の作成により評価額を算出することになります。

　取引相場のない株式等の評価に当たって、いずれの評価方式を採用するかは、会社の規模やその株式等を取得する株主の態様によって異なり、その判定を行ったうえで、それぞれの方式に必要な数字を当てはめながら評価明細書の作成を進めていくことになります。

　しかしながら、評価明細書の作成には、基礎資料の収集や評価会社が所有する資産の評価額の算出など多くの作業量を要することになるため、実務に慣れないうちは困難を極めるでしょう。

本書では、取引相場のない株式の評価において最終的に作成しなければならない、評価明細書の記載手順及び記載方法の解説をメインに据えました。オーソドックスなケーススタディを踏まえた評価明細書の記載手順を追いながら、株主の判定や会社規模の判定、それぞれの評価方式の意味についても理解を深めることができる構成としています。さらに、平成29年度税制改正における取引相場のない株式等の評価方法の見直しについても、過去の改正の経緯もふまえた解説を行い、基礎的な理解に役立つものといたしました。

　本書によって、取引相場のない株式等の評価方法の基本を理解し、延いては相続・贈与税や事業承継対策の一助となれば幸いです。

平成30年3月

税理士　平川　忠雄

Contents

7　純資産価額方式　120

8　特例的評価方式　160

9　特定の評価会社の評価　166

第1部　株式の評価のあらまし

1 評価の原則

（1） 相続税法における財産の評価

　相続税法では、相続税と贈与税の２税目が規定されていますが、いずれも原則として無償取得による財産の価額を課税標準（相続税法では「課税価格」といいます）として、その財産の取得者に納税義務を課している税です。

　そのため、相続税法では、その取得した財産の価額を評価することが重要な事項になり、同法第３章第22条で財産評価を規定し、第23条等において地上権及び永小作権の評価等を規定しています。

第３章　財産の評価

第22条　評価の原則

　　　　この章で特別の定めのあるものを除くほか、相続、遺贈又は贈与により取得した財産の価額は、当該財産の取得の時における時価により、当該財産の価額から控除すべき債務の金額は、その時の現況による。

第23条　地上権及び永小作権の評価

第23条の２　配偶者居住権等の評価

第24条 ⎫
　　　　⎬定期金に関する権利の評価
第25条 ⎭

第26条　立木の評価

第26条の２　土地評価審議会

　しかし、上記第23条から第26条以外の大部分の種類の財産については、上記第22条で「‥‥‥当該財産の取得の時における時価により」と規定し、時価主義の原則のみを定めており、本書のテーマである「取引相場のない株式」を含めた大部分の財産は次の財産評価基本通達で評価方法を定めています。

（2）　財産評価基本通達における財産の評価

　相続税法は申告納税方式が採用されているため、相続・遺贈又は贈与により取得した財産の価額は、その財産を取得した者（納税者）が評価して、相続税又は贈与税の申告・納税を行うことになります。

　その際、相続税及び贈与税の課税対象となる財産は、動産・不動産・有価証券など多種多様であり、これら各種の財産の時価を把握することは容易ではありません。

　そこで、国税庁では「財産評価基本通達」を制定し、各財産の評価方法に共通する原則や各種財産の評価単位ごとの評価の方法を具体的に定め、その内部的な取扱いを統一するとともに、これを公開して、納税者の申告・納税の便に供しています。

（3）　財産評価基本通達における「評価の原則」

　財産の評価における「評価の原則」は、評価単位・評価時点等により次のように定めています（評基通 1）。

①　評価単位

　財産の価額は、財産評価基本通達の第 2 章以下に定める個々の評価単位ごとに評価し、その評価額の合計額をもってその有する財産の価額とする個別評価方法を原則とします。

②　時価の意義

　財産の価額は、時価によるものとし、時価とは、課税時期（相続・遺贈若しくは贈与により財産を取得した日若しくは相続税法の規定により相続・遺贈若しくは贈与により取得したものとみなされた財産のその取得の日に規定する課税時期をいいます）において、それぞれの財産の現況に応じ、不特定多数の当事者間で自由な取引が行われる場合に通常成立すると認められる価額をいい、その価額は、本通達の定めによって評価した価額によります。

③　評価方法の種類

　財産評価基本通達では、その時の客観的な交換価値を示す価額を実現可能な方法で、しかもなるべく容易かつ的確に算定するという観点から、財産の種類の異なるごとに、次のようにそれぞれの財産の本質に応じた評価方法を採用しています。

イ　同種の財産の売買実例価額を直接時価とする方法　⇒　上場株式

　この方法は、評価上把握される同種の財産の売買実例価額が十分に客観的価値を反映していると認められる場合に、売買実例の価額そのものをその財産の評価額とする方法であり、上場株式（気配相場のある株式も同様）は、この方法によって評価しています。

ロ　類似の財産の売買実例価額に比準して評価する方法

⇒　取引相場のない株式（大会社）

　この方法は、一定方式により類似物の売買実例価額に比準して評価額を算出する方法であり、取引相場のない株式のうち大会社の株式については、複数の上場会社からなる類似業種の平均株価に比準して評価額を求めることとし、この方法によって評価しています。

　これは、上場会社に匹敵するような事業規模を有する非上場会社の株式の評価に当たっては、類似業種の上場会社の平均株価の動きがもっとも近いので、類似業種の上場会社の平均株価に比準しようとするもので、その比準要素として、配当・利益・純資産の三つを採用しています。

ハ　収益還元による方法　⇒　取引相場のない株式（同族株主以外の株主の取得株式）

　この方法は、年々、利益が元本から生じている場合に、その利益を一定率で還元して元本を評価する方法で、取引相場のない株式のうち、同族株主のいる会社の同族株主以外の株主等の取得した株式は、この方法によって評価しています。

　この方式が採用されるのは、事業経営への影響度の少ない従業員株主などが所有する株式は、単に配当を期待するにとどまり、比較的件数が多くしかも納税者１人当たりでは比較的少額であることから、評価方法の簡便化を図ることにしたことによるものです。

④　財産の評価

　財産の評価に当たっては、その財産の価額に影響を及ぼすべきすべての事情を考慮します。

2　株式の区分とそれに対応した株式の評価方法

　「株式」とは、株式会社における「社員」の地位が細分化された割合的単位の形式をとったものであり、その社員たる地位を「株主」といい、株式を有価証券としたものが「株券」です。

　株式には、金融商品取引所に上場され、毎日大量に取引されるような上場株式から、個人企業と変わらないような会社の株式まであり、その取引形態も一様ではないことから、財産評価基本通達では、それぞれの株式の取引態様に応じた適正な評価が行えるように評価方法を定めています。

（1）　評価単位

　株式は、それらの銘柄の異なるごとに、次に掲げる区分に従い、その１株ごとに評価します（評基通168）。

①　上場株式　　②　気配相場等のある株式　　③　取引相場のない株式

①　上場株式の範囲

上場株式とは、全国の金融商品取引所のいずれかに上場されている株式をいいます。

上場株式は、それぞれの金融商品取引所が定めている上場審査基準に基づき審査を受け、また、金融商品取引法第121条により内閣総理大臣へ上場の届出を行って各市場に上場されます。

②　気配相場等のある株式の範囲

気配相場等のある株式とは、登録銘柄・店頭管理銘柄及び公開途上にある株式をいいます。

イ　登録銘柄・店頭管理銘柄

投資家が証券会社を通じて売買できる株式には、上場株式のほかに「店頭株（店頭銘柄）」と呼ばれているものもあり、店頭株には、登録銘柄・店頭管理銘柄とがあります（いわゆる「青空銘柄」を含めて店頭株と呼ぶ場合もあります）。

ロ　公開途上にある株式

公開途上にある株式とは、株式の公開が公表された日から株式の公開の前日までのその株式をいいます。

「株式の公開」とは、一般に株式が金融商品取引所に上場されること又は日本証券業協会の登録銘柄として登録されることをいいます。

財産評価基本通達では、その株式の実質的価値や株式取引の実態に応じて評価上の区分を設けることとし、次のいずれかに該当する株式を「公開途上にある株式」と定めています。

- ㈠　証券取引所が内閣総理大臣に対して株式の上場届出を行うことを明らかにした日から上場の日の前日までのその株式（登録銘柄が上場される場合を除きます）
- ㈡　日本証券業協会が株式を登録銘柄として登録することを明らかにした日から登録の日の前日までのその株式（店頭管理銘柄が登録銘柄として登録される場合を除きます）

③　取引相場のない株式の範囲

取引相場のない株式とは、上記①及び②以外の株式をいいます。わが国の大部分の会社の株式がこれに該当します。

【参考】　株式の区分と評価方法

株式の区分		評価方法
株式	上場株式　通常の取得	課税時期の最終価格によって評価（課税時期の属する月以前3か月の各月の月中平均額をしんしゃく）
	負担付贈与等により取得した株式	課税時期の最終価格によって評価

株式	気配相場等のある株式	登録銘柄・店頭管理銘柄	通常の取得	上場株式に準じて評価			
			負担付贈与等により取得した株式	課税時期の取引価格によって評価			
		公開途上にある株式	公募・売出しが行われる場合	公開価格によって評価			
			その他の場合	課税時期以前の取引価格等を勘案し評価			
	取引相場のない株式	一般の評価会社	大会社	同族株主等が取得した株式	類似業種比準方式（純資産価額方式による頭打ち）	安全性に対するしんしゃく率	0.7
			中会社 大		類似業種比準方式と純資産価格方式の併用方式	L の割合：0.90	0.6
			中会社 中			L の割合：0.75	
			中会社 小			L の割合：0.60	
			小会社		純資産価額方式（L の割合 0.50 で類似業種比準方式併用可） ※ その者とその同族関係者の有する議決権の合計数が議決権総数の 50 ％以下の場合………… 20 ％減		0.5
		特定の評価会社の株式	大・中・小会社	同族株主以外の株主等が取得した株式	配当還元方式（年配当金額の最低は 2 円 50 銭）		
			比準要素数 1 の会社	同族株主等が取得した株式	純資産価額方式（L の割合 0.25 で類似業種比準方式併用可）		
				同族株主以外の株主等が取得した株式	配当還元方式		
			株式等保有特定会社の株式	同族株主等が取得した株式	純資産価額方式（「$S_1 + S_2$」方式選択可）		
				同族株主以外の株主等が取得した株式	配当還元方式		
			土地保有特定会社の株式	同族株主等が取得した株式	純資産価額方式		
				同族株主以外の株主等が取得した株式	配当還元方式		
			開業後 3 年未満の会社等の株式〔開業後 3 年未満・3 要素すべてが 0 の会社〕	同族株主等が取得した株式	純資産価額方式		
				同族株主以外の株主等が取得した株式	配当還元方式		
			開業前又は休業中の会社の株式		純資産価額方式		
			清算中の会社の株式		清算分配見込金に基づき評価		

（2） 上場株式の評価

上場株式は、次に掲げる区分に従い、それぞれ次に掲げるところにより評価します（評基通169）。

① 通常の上場株式の評価方法

上場株式の価額（負担付贈与等により取得たしものを除きます）は、その株式が上場されている金融商品取引所（国内の2以上の金融商品取引所に上場されている株式については、納税義務者が選択した金融商品取引所とします）の公表する課税時期の最終価格によって評価します。

ただし、その最終価格が課税時期の属する月以前3か月間の毎日の最終価格の各月ごとの平均額（以下「最終価格の月平均額」といいます）のうち最も低い価額を超える場合には、その最も低い価額によって評価します。

上場株式の価額は、次の(イ)によって評価することを原則としますが、評価上のしんしゃくを行い、次の(イ)から(ニ)のうち最も低い価額により評価することができます。

(イ) 課税時期の最終価格

(ロ) 課税時期の属する月の毎日の最終価格の月平均額

(ハ) 課税時期の属する月の前月の毎日の最終価格の月平均額

(ニ) 課税時期の属する月の前々月の毎日の最終価格の月平均額

※ 上場株式は、金融商品取引所における取引価格がそのまま「時価」を示しているということもできますが、金融商品取引所はそのときどきの需給関係による値動きがあります。そのため、上場株式の評価に当たっては、1時点における需給関係による偶発性を排除し、ある程度の期間における取引価格の実勢をも評価の判断要素として考慮し、評価上のしんしゃくを行うことがより適切であるところから、課税時期における最終価格のほか、課税時期の属する月以前3か月間の毎月の最終価格の月平均額をも採用することにしています。

② 負担付贈与等により取得した上場株式の評価方法

負担付贈与又は個人間の対価を伴う取引により取得した上場株式の価額は、その株式が上場されている金融商品取引所の公表する課税時期の最終価格によって評価します。

※ 負担付贈与等により取得した上場株式は、一般の売買取引に準じた対価を伴う経済取引であり、一般の相続や贈与による財産の取得のような偶発的な無償取得であること等に配慮した評価上のしんしゃくは不要であると考えられるため、評価上のしんしゃくを行わず、原則的な評価方法である課税時期における最終価格によることになりました。

ケーススタディ　上場株式の評価額の計算例

【設例】

- 課税時期　　令和○年5月25日

- 評価する上場株式及びその取引価格

取引価格の区分／銘柄	令和○年 5月25日の最終価格	同年3月中の最終価格の月平均額	同年4月中の最終価格の月平均額	同年5月中の最終価格の月平均額
○○建設	646 円	657 円	652 円	644 円
△△製鉄	310	328	321	312
××電気	773	770	783	776

【解説】

＜評価額の計算＞

　課税時期の最終価格と課税時期の属する月以前3か月間の各月の毎日の最終価格の月平均額のうち、最も低い価額が評価額になるため、それぞれの銘柄の評価額は次のようになります。

　　　　○○建設　　　　644円
　　　　△△製鉄　　　　310円
　　　　××電気　　　　770円

　ただし、負担付贈与等により取得したそれぞれの銘柄の評価額は、課税時期の最終価格によることになっているため、次のようになります。

　　　　○○建設　　　　646円
　　　　△△製鉄　　　　310円
　　　　××電気　　　　773円

（3）　気配相場等のある株式の評価

　気配相場等のある株式の評価方法は、次のように①登録銘柄・店頭管理銘柄及び②公開途上にある株式の別に定められています（評基通174）。

①　登録銘柄・店頭管理銘柄

イ　通常の評価方式

　店頭市場において取引されている株式のうち、日本証券業協会の内規に基づき、登録銘柄として登録されている株式及び店頭管理銘柄として指定されている株式（次の負担付贈与等により取

得した登録銘柄・店頭管理銘柄を除きます）については、その取引価格に基づいて評価します。

　株式の評価に当たっては、日本証券業協会から公表される株式の課税時期の取引価格（「高値」と「安値」がある場合には、その平均額）によって評価することを原則とします。

　ただし、上場株式と同様に、1時点における需給関係における偶発性を排除する等、評価上のしんしゃくを行うことがより適切であることから、課税時期の属する月以前3か月の各月の毎日の取引価格の月平均額をも考慮して評価することとしています。

　具体的には、次の(イ)によって評価することを原則としますが、評価上のしんしゃくを行うため、次の(イ)から(ニ)のうち最も低い価額により評価することとしています。

　(イ)　課税時期における取引価格（高値と安値がある場合には、その平均額）

　(ロ)　課税時期の属する月の毎日の取引価格の月平均額

　(ハ)　課税時期の属する月の前月の毎日の取引価格の月平均額

　(ニ)　課税時期の属する月の前々月の毎日の取引価格の月平均額

ロ　負担付贈与等により取得した登録銘柄・店頭管理銘柄の評価方法

　上場株式と同様に、負担付贈与等により取得した登録銘柄・店頭管理銘柄の価額は、課税時期の取引価格（高値と安値がある場合には、その平均額）により評価します。

②　公開途上にある株式

　公開途上にある株式の価額は、その株式の「公開価格」によって評価しますが、まれなケースとして「公開価格」が決定されない場合には、課税時期以前のその株式の取引価格等を勘案して、個別にその株式を評価します。

イ　株式の募集や売出しが行われる場合

　株式の上場又は店頭登録に当たって、それぞれ金融商品取引所又は証券業協会の内規によって、上場又は店頭登録の公募（新株の発行をいいます）又は売出し（既発行株式の売却をいいます）を行うべき株式数の一部について競争やブックビルディングを行って、その株式の公募価格又は売出し価格（公開価格といいます）を決定します。

　この競争入札等により決定する「公開価格」は、客観的な「市場価格」と認められることから、公開途上にある株式の価額を公開価格によって評価することとしています。

ロ　株式の募集や売出しが行われない場合

　株式の公開に際して、まれなケースとして株式の募集や売出しが行われない場合があります。このような株式は、地方銀行などの株式のように、いわゆる「青空銘柄」として店頭市場において取引されているものであって、公開途上にある株式の評価に当たっては、課税時期以前のその株式の取引価格等を勘案して個別に評価することとしています。

（4） 取引相場のない株式の評価

　取引相場のない株式は、評価しようとするその株式の発行会社の規模区分に応じて評価します（評基通 174）。

　その詳細は、第 2 部以降を参照して下さい。

3　財産評価基本通達制定後の改正の概要

　昭和 39 年 4 月の財産評価基本通達制定後の株式関係の改正概要は、下表のとおりです。

改　正　年	改　　正　　内　　容
昭和 41 年	法人税法上認容されている退職給与引当金を、類似業種比準方式における⑩の計算及び純資産価額方式の計算に当たって、負債として取り扱うことになりました。（昭 41.12.12 直資 3-20） （注）当時の類似業種比準方式における⑩の計算（現行とは相違） 　　　総資産（簿価）－（負債（簿価）－価格変動準備金等準備金・引当金） 　　　　　　　　　　　　　　　　　　　　　↑ 　　　　　　　　　　　　　改正の結果、退職給与引当金が除かれました。 （参考）個人の事業用財産についても、同様に措置されました。
昭和 44 年	類似業種比準方式における⑧の計算方法について、改正が行われました。（昭 44.7.23 直資 3-19） 【改正前】 ①　同族株主が取得した株式の評価に当たって、⑧を「配当性向」によって計算 　　⑧＝ⓒ×B/C ②　直前期 1 年のみで計算 【改正後】 ①　実際の配当金額により計算 ②　直前期及び直前々期の 2 年間の平均額により計算
昭和 47 年	上場株式等の評価方法について、改正が行われました。（昭 47.6.20 直資 3-16） Ⅰ　上場株式の評価方法の改正 【改正前】 ①又は②のうちいずれか低い方の価額により評価 　①　課税時期の最終価格 　②　課税時期の属する月の毎日の最終価格の月平均 【改正前】 ①～④のうち最も低い方の価額により評価 　①　課税時期の最終価格 　②　課税時期の属する月の毎日の最終価格の月平均 　③　課税時期の属する月の前月の毎日の最終価格の月平均 　④　課税時期の属する月の前々月の毎日の最終価格の月平均

昭和 47 年	Ⅱ　取引相場のない株式の評価方法の改正 (1)　会社規模区分の判定基準（大・中・小会社の判定基準）のうち、総資産価額基準及び年間取引金額基準を改定（引上げ） (2)　類似業種比準方式の計算方法等の改正 　①　計算式 【改正前】　次の算式によって計算した金額のうち、いずれか低い方の金額によります。 $$A \times \left(\dfrac{\dfrac{Ⓑ}{B} + \dfrac{Ⓒ}{C} + \dfrac{Ⓓ}{D} + 3}{6} \right) \qquad A \times \left(\dfrac{\dfrac{Ⓑ}{B} + \dfrac{Ⓒ}{C} + \dfrac{Ⓓ}{D} + 1}{4} \right)$$ 【改正後】 $$A \times \left(\dfrac{\dfrac{Ⓑ}{B} + \dfrac{Ⓒ}{C} + \dfrac{Ⓓ}{D}}{3} \right) \times 0.7$$ 　②　類似業種の株価 【改正前】　課税時期の属する月の平均株価に比準 【改正後】　課税時期の属する月以前 3 か月の各月の平均株価のうち最も低い金額に比準 　③　純資産価額Ⓓの計算方法 【改正前】　総資産（簿価）－（負債（簿価）－価格変動準備金等準備金・引当金（退職給与引当金を除く）） 【改正後】　資本金＋資本積立金＋利益積立金 　④　類似業種比準価額に対する純資産価額（相続税評価額）による、いわゆる「頭打ち」制度を導入 (3)　純資産価額方式の計算方式の改正 　資産の評価替えにより生じる評価差額に対する法人税額相当額の控除を導入 (4)　配当還元方式の適用範囲の拡大 　同族株主のいる会社の同族株主以外の株主及び同族株主のいない会社で株式の所有割合が 5 ％未満のグループに属する株主の取得した株式を配当還元方式によって評価
昭和 53 年	取引相場のない株式の評価方法について、改正が行われました。（昭 53.4.1 直評 5） (1)　配当還元方式の適用範囲の拡大 　「中心的な同族株主」基準の導入等によって、配当還元方式の適用範囲が拡大されました。 (2)　類似業種比準方式におけるⒸの金額の計算方法の改正 【改正前】　直前期 1 年間の金額により、計算していました。 【改正後】　直前期 1 年間の金額又は 2 年間の平均額のうちいずれか低い方の選択が認められることになりました。 (3)　純資産価額方式における評価減 　同族グループの持株割合が 50 ％未満のときは、20 ％の評価減を行うことになりました。
昭和 58 年	事業承継税制についての税調答申の趣旨に沿って、取引相場のない株式の評価方法の改正が行われました。（昭 58.4.8 直評 5） (1)　小会社の株式の評価方法の改正 　純資産価額方式と類似業種比準方式との併用方式（L＝0.5）を選択することが認められました。 (2)　類似業種比準方式の計算方法の改正

昭和58年	① 業種分類選択の弾力化（小分類と大分類の選択及び中分類と大分類の選択が認められることになりました） ② 前年平均株価の選択が認められることになりました。 ③ 中会社におけるLの割合が引上げられました（0.25を0.5に引上げ）。 (3) その他（商法改正に伴う整備） 　株主の態様の判定において、議決権を有しないこととされる株式がある場合の発行済株式数の取扱いが整備されました。 　評価基本通達の改正に伴い、取引相場のない株式の評価明細書等の改正が行われました。（昭58.5.20 直評9）
昭和59年	医療法人の出資の評価の規定が新設され、類似業種比準方式の計算において「配当」が比準要素から除かれました。（昭59.7.18 直評7）
平成2年	株式取引等の実態に鑑み、株式及び出資の評価の適正化を図るため、上場株式等の評価方法の改正が行われました。（平2.8.3 直評12） Ⅰ　上場株式の評価方法の改正 　負担付贈与等により取得した上場株式の価額は、課税時期の最終価格により評価することになりました。 Ⅱ　取引相場のない株式の評価方法の改正 (1) 純資産価額方式の計算方法 ① 評価会社が課税時期前3年以内に取得（新築）した土地等及び建物等については、課税時期における通常の取引価額により評価して純資産価額を計算することになりました。 ② 負債に含まれる法人税額等の額に「消費税額」が追加される等の改正が行われました。 ③ 評価会社が有する株式等の純資産価額の計算において、評価差額に対する法人税額等相当額は控除しないことになりました。 (2) 特定の評価会社の株式の評価 　特定の評価会社の株式が次のように定義され、その評価方法が定められました。 ① 株式保有特定会社 ・ 総資産価額のうちに占める株式等の価額の割合が25％以上［相評ベース］（中・小会社は50％）の会社の株式 ・ 純資産価額により評価（「S_1+S_2」方式の選択可。少数株主は配当還元価額によります） ② 土地保有特定会社 ・ 総資産価額のうちに占める土地等の価額の割合が70％以上［相評ベース］（中会社は90％）の会社の株式（小会社は対象外） ・ 純資産価額により評価（少数株主は配当還元価額によります） ③ 開業後3年未満の会社等の株式 ・ 開業後3年未満の会社又は類似業種比準価額の比準要素の金額の2要素以上が直前期・直前々期においてゼロである会社 ・ 純資産価額により評価（少数株主は配当還元価額によります） ④ 開業前又は休業中の会社の株式 ・ 純資産価額により評価（改正前と同じ） ⑤ 清算中の会社の株式 ・ 清算分配見込額に基づき評価（改正前と同じ） 　評価基本通達の改正に伴い、取引相場のない株式等の評価明細書等の改正が行われました。（平2.12.27 直評23）

平成3年	取引相場のない株式について、改正商法の施行に伴い株主の態様の判定における議決権のない株式がある場合の発行済株式数の取扱いが改められました。（平3.3.26直評4）
平成6年	取引相場のない株式を評価する場合の前提となる会社規模の区分基準について、資本金1億円基準に代えて従業員数100人以上の会社を大会社とする改正が行われました（純資産価額基準にも従業員数の規模を付加）。（平6.6.17課評2-8） （注）中会社の区分が2区分から3区分に細分化され、Lの割合が拡大されました。
平成10年	取引相場のない株式を評価する場合における会社規模を判定する際の業種区分に、「小売・サービス業」が新設された上、その金額基準等が定められました。（平10.9.10課評2-10）
平成11年	取引相場のない株式を評価する場合における業種目は、「直前期末以前1年間の取引金額」を基に判定することとされました。（平11.3.10課評2-2） 取引相場のない株式を純資産方式により評価する場合、評価会社の有する資産の中に現物出資又は合併により著しく低い価額で受け入れた資産があるときには、その現物出資のときのその資産の価額（相続税評価額）とその現物出資等による受入れ価額との差額（現物出資等受入れ差額）に対する法人税額等相当額は、純資産価額の計算上控除されないこととされました。（平11.7.19課評2-12）
平成12年	社会経済の実態の変化に伴い、取引相場のない株式等の評価について所要の改正が行われました。（平12.6.13課評2-4） （1）　類似業種比準方式の算式 【改正前】 $$A \times \frac{\dfrac{Ⓑ}{B} + \dfrac{Ⓒ}{C} + \dfrac{Ⓓ}{D}}{3} \times 0.7$$ 【改正後】 $$A \times \frac{\dfrac{Ⓑ}{B} + \dfrac{Ⓒ}{C} \times 3 + \dfrac{Ⓓ}{D}}{5} \times 0.7$$ 　　分母の「5」は、Ⓒがゼロの場合は、「3」とします。 　　「0.7」は、中会社については「0.6」・小会社については「0.5」とします。 （2）　会社規模区分について、小会社の従業員基準は「5人以下」とされました。 （3）　いわゆる「2要素以上ゼロの会社」の株式の価額は、純資産価額方式により評価することとされていましたが、3つの比準要素のすべてがゼロである会社の株式を除き類似業種比準方式の適用割合（Lの割合）を「0.25」として類似業種比準方式と純資産価額方式との併用方式により評価できることになりました。 （4）　評価会社が有する資産の中に、株式交換又は株式移転により著しく低い価額で受け入れた株式があるときは、その受入れ時の株式の価額（相続税評価額）とその受入れ価額との差額に対する法人税額等相当額は、評価会社の株式の純資産価額の計算上控除されないことになりました。 （5）　評価会社が自己株式を有する場合の取扱いが明らかになりました。 （6）　中小企業投資育成会社が株主の場合の取扱いが明確になりました。
平成14年	日刊新聞以外のインターネット等で取引価格が公表される銘柄についても、国税局長の指定する株式とすることができるよう指定基準の改正が行われました。（平14.6.4課評2-2）

平成 15 年	商法改正により、単元株制度の創設及び株式の多様化（種類株式の種類の増加）が図られたことから、株主の「持株割合」ではなく、「議決権割合」によって同族株主以外の株主等が取得した株式であるかどうかの判定を行うことになりました。（平 15.6.25 課評 2-15）
平成 18 年	取引相場のない株式の評価方法について、会社法の施行及び法人税法の改正に伴い、次の改正が行われました。（平 18.10.27 課評 2-27） （1）　類似業種比準方式 　①　類似業種の株価及び各比準要素の数値は、「1 株当たりの資本金の額」から「1 株当たりの資本金等の額（法人税法上の資本金等の額）」を 50 円とした場合の株式数を基として計算することになりました。 　②　比準要素の一つである「1 株当たりの配当金額」は、「利益処分による配当金額」から「剰余金の配当金額」を基として計算することになりました。 　③　評価会社が自己株式を保有する場合には、発行済株式数から自己株式を控除することになりました。 （2）　純資産価額方式 　会社法の施行により「利益処分」の規定がなくなったことに伴い、利益処分を前提とした配当金及び役員賞与の金額の取扱いが削除されました。
平成 20 年	取引相場のない株式の評価について、類似業種比準方式の計算方法が改正されました。（平 20.3.14 課評 2-5）
平成 25 年	取引相場のない株式の評価における大会社の株式保有割合による株式保有特定会社の判定基準が、東京高裁平成 25 年 2 月 28 日判決を受け、上場会社株式の株式等を保有状況等に基づき、「25 ％以上」から「50 ％以上」に改正されました。（平 25.5.27 課評 2-20）
平成 29 年	取引相場のない株式の評価について、社会経済情勢の実態等を踏まえ、所要の改正が行われました。（平 29.4.27 課評 2-12） （1）　類似業種比準方式 　①　類似業種の株価の選択に、課税時期の属する月以前 2 年間平均が追加されました。 　②　類似業種の配当金額、利益金額及び純資産価額（帳簿価額によって計算した金額）が、連結決算を反映させたものとなりました。 　③　算式 【改正前】 $$A \times \frac{\frac{ⓑ}{B} + \frac{ⓒ}{C} \times 3 + \frac{ⓓ}{D}}{5} \times 0.7$$ 「0.7」は中会社については「0.6」、小会社については「0.5」 【改正後】 $$A \times \frac{\frac{ⓑ}{B} + \frac{ⓒ}{C} + \frac{ⓓ}{D}}{3} \times 0.7$$ 「0.7」は中会社については「0.6」、小会社については「0.5」 （2）　会社規模区分の判定基準における大会社及び中会社の総資産価額（帳簿価額によって計算した金額）、従業員及び直前期末以前 1 年間における取引金額について、近年の上場会社の実態に合わせた改正が行われました。 　取引相場のない株式の評価における株式保有特定会社の判定基準について、従来の「株式及び出資」に「新株予約権付社債」を加え、「株式等保有特定会社」に改めるとともに、「S₁＋S₂」方式による計算方法等について所要の改正がされました。（平成 29.9.20 課評 2-46）

第2部　取引相場のない株式の評価

1 基本的な考え方

(1) 基本的な評価方式

　取引相場のない株式の評価にあたって、財産評価基本通達で示されている評価方式は、主に次の3種類があります。

【取引相場のない株式の基本的な評価方式】

評価方式	説明
類似業種比準方式	株価を構成する要素のうち計数化が可能なものとして、資産要素（帳簿価額による純資産価額）に加えて、利益及び配当の収益要素を事業内容が類似する業種目に属する上場株式のそれらの平均値と比較し、上場株価に比準して株式の価値を評価する方法。
純資産価額方式	相続税評価額による1株当たりの純資産価額に基づいて株式を評価する方法。
配当還元方式	評価する株式に係る年配当金額を基として計算した金額を配当還元価額によって評価する方法。

　これらのうち、「類似業種比準方式」及び「純資産価額方式」は、原則的評価方式であり事業経営に影響力がある同族株主の取得する株式を評価する場合に用いられます。原則として、評価会社が「大会社」の場合には「類似業種比準方式」で評価し、「小会社」の場合には「純資産価額方式」により評価することになります。評価する会社の規模が「中会社」である場合には、これらの方式をそれぞれ一定割合を加味して評価することになりますが、これを「併用方式」といいます。

　「配当還元方式」は、特例的評価方式で、事業経営への影響力が少ない株主の取得した株式を評価する場合に採用され、評価の簡便性も考慮した評価方式です。

(2) 評価の体系

　取引相場のない株式の評価をするにあたっては、まず評価会社の株式を「一般の評価会社の株式」と「特定の評価会社の株式」に大別します。

　一般の評価会社の株式のうち、同族株主等の事業経営に影響力がある株主が取得するものは原則的評価方式により評価することとなります。具体的な評価方式の決定にあたっては、評価会社の規模（総資産価額・従業員数・取引金額）を勘案して、その会社を「大会社」・「中会社」・「小会社」に区分します。

　一方、総資産に占める土地や有価証券の割合が大きい、あるいは、開業して間もない会社など、通常の評価方法がなじまないと考えられる会社の株式は特定の評価会社の株式として、基本的には純資産価額方式により評価することになります。

　また、同族株主でない株主等が取得した株式など一定の株式については、原則として、特例的評価方式である配当還元方式により評価することになります。

（3）　評価の手順

　取引相場のない株式の評価の基本的な手順と、その評価に使用する評価明細書の種類は次のとおりです。

【取引相場のない株式の評価手順】

手順		使用する評価明細書
①　株主の判定	納税義務者の取得後の議決権割合等に応じて、同族株主等に該当するか否かを判定します。	第 1 表の 1「評価上の株主の判定及び会社規模の判定の明細書」 第 1 表の 2「評価上の株主の判定及び会社規模の判定の明細書（続）」
②　会社規模の判定	評価会社の資産規模や取引金額に応じて、評価上の会社規模（大会社・中会社・小会社）の判定をします。	
③　特定の評価会社等の判定	評価会社が特定の評価会社に該当するか否かを判定します。	第 2 表「特定の評価会社の判定の明細書」 なお、第 2 表の作成に当たっては、「第 1 表」「第 4 表」及び「第 5 表」の作成があらかじめ必要になります。
④　評価額の算出	評価会社の税務申告書等の評価資料を参照し、評価額を算出します。	第 3 表「一般の評価会社の株式及び株式に関する権利の価額の計算明細書」 第 4 表「類似業種比準価額の計算明細書」 第 5 表「1 株当たりの純資産価額（相続税評価額）の計算明細書」 第 6 表「特定の評価会社の株式及び株式に関する権利の価額の計算明細書」 第 7 表「株式保有特定会社の株式の価額の計算明細書」 第 8 表「株式保有特定会社の株式の価額の計算明細書（続）」

2　評価明細書の種類と関連性

（1）　各評価明細書の種類と関連性

　取引相場のない株式の評価額の計算には、次の評価明細書を使用します。評価明細書は、第1表から第8表まであります。

【評価明細書の種類】

評価明細書	タイトル
第1表の1	評価上の株主の判定及び会社規模の判定の明細書
第1表の2	評価上の株主の判定及び会社規模の判定の明細書（続）
第2表	特定の評価会社の判定の明細書
第3表	一般の評価会社の株式及び株式に関する権利の価額の計算明細書
第4表	類似業種比準価額等の計算明細書
第5表	1株当たりの純資産価額（相続税評価額）の計算明細書
第6表	特定の評価会社の株式及び株式に関する権利の価額の計算明細書
第7表	株式等保有特定会社の株式の価額の計算明細書
第8表	株式等保有特定会社の株式の価額の計算明細書（続）

（2）　第1表の1　評価上の株主の判定及び会社規模の判定の明細書

　評価上の株主を、同族株主等又はそれ以外の株主等に区分し、その区分に基づいて採用される評価方式（原則的評価方式又は特例的評価方式）の判定をこの表で行います。

　ただし、評価会社が「開業前又は休業中の会社」及び「清算中の会社」に該当する場合には、採用される評価方式は純資産価額方式（清算中の会社は、原則として、清算分配見込額）によることとなりますので、株主の区分判定は不要です。

　第1表の1の各欄の記載は、次のとおりです。

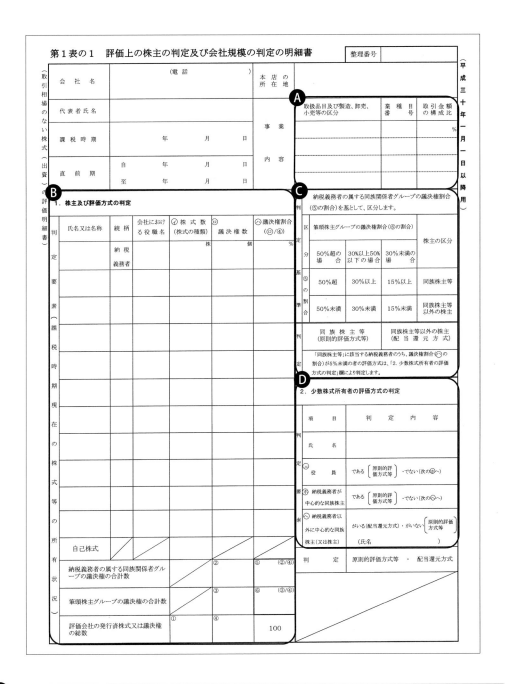

第1表の1　評価上の株主の判定及び会社規模の判定の明細書

Ⓐ 「事業内容」欄の「取扱品目及び製造、卸売、小売等の区分」欄には、評価会社の事業内容を具体的に記載します。「業種目番号」欄には、別に定める類似業種比準価額計算上の業種目の番号を記載します（類似業種比準価額を計算しない場合は省略しても差し支えありません）。「取引金額の構成比」欄には、評価会社の取引金額全体に占める事業別の構成比を記載します。

（注）「取引金額」は直前期末以前１年間における評価会社の目的とする事業に係る収入金額（金融業・証券業については収入利息及び収入手数料）をいいます。

Ⓑ

「１．株主及び評価方式の判定」の「判定要素（課税時期現在の株式等の所有状況）」の各欄は、次により記載します。

① 「氏名又は名称」欄には、納税義務者が同族株主等の原則的評価方式等（配当還元方式以外の評価方式をいいます）を適用する株主に該当するかどうかを判定するために必要な納税義務者の属する同族関係者グループ（株主の１人とその同族関係者のグループをいいます）の株主の氏名又は名称を記載します。

この場合における同族関係者とは、株主の１人とその配偶者、６親等内の血族及び３親等内の姻族等をいいます。

② 「続柄」欄には、納税義務者との続柄を記載します。

③ 「会社における役職名」欄には、課税時期又は法定申告期限における役職名を、社長、代表取締役、副社長、専務、常務、会計参与、監査役等と具体的に記載します。

④ 「㋑株式数（株式の種類）」の各欄には、相続、遺贈又は贈与による取得後の株式数を記載します（評価会社が会社法第108条第１項に掲げる事項について内容の異なる２以上の種類の株式（以下「種類株式」といいます）を発行している場合には、次の⑤のニにより記載します。なお、評価会社が種類株式を発行していない場合には、株式の種類の記載を省略しても差し支えありません）。

「㋺議決権数」の各欄には、各株式数に応じた議決権数（個）を記載します（議決権数は④株式数÷１単元の株式数により計算し、１単元の株式数に満たない株式に係る議決権数は切り捨てて記載します。なお、会社法第188条に規定する単元株制度を採用していない会社は、１株式＝１議決権となります）。

「㋩議決権割合（㋺／④）」の各欄には、評価会社の議決権の総数（④欄の議決権の総数）に占める議決権数（それぞれの株主の、欄の議決権数）の割合を１％未満の端数を切り捨てて記載します（「納税義務者の属する同族関係者グループの議決権の合計数（⑤（②／④））」欄及び「筆頭株主グループの議決権の合計数（⑥（③／④））」欄は、各欄において、１％未満の端数を切り捨てて記載します。なお、これらの割合が50％超から51％未満までの範囲内にある場合には、１％未満の端数を切り上げて「51％」と記載します）。

⑤ 次に掲げる場合には、それぞれ次によります。

イ 相続税の申告書を提出する際に、株式が共同相続人及び包括受遺者の間において分割されていない場合

「⑦株式数（株式の種類）」欄には、納税義務者が有する株式（未分割の株式を除きます）の株式数の上部に、未分割の株式の株式数を㋕と表示の上、外書で記載し、納税義務者が有する株式の株式数に未分割の株式の株式数を加算した数に応じた議決権数を「議決権数」に記載します。また、「納税義務者の属する同族関係者グループの議決権の合計数（⑤（②／④））」欄には、納税義務者の属する同族関係者グループが有する実際の議決権数（未分割の株式に応じた議決権数を含みます）を記載します。

ロ　評価会社の株主のうちに会社法第308条第1項の規定によりその株式につき議決権を有しないこととされる会社がある場合

　「氏名又は名称」欄には、その会社の名称を記載します。

　「⑦株式数（株式の種類）」欄には、議決権を有しないこととされる会社が有する株式数を㊃と表示の上、記載し、「㋺議決権数」欄及び「㋬議決権割合（㋺／④）」欄は、「－」で表示します。

ハ　評価会社が自己株式を有する場合

　「⑦株式数（株式の種類）」欄に会社法第113条第4項に規定する自己株式の数を記載します。

ニ　評価会社が種類株式を発行している場合

　評価会社が種類株式を発行している場合には、次のとおり記載します。

　「⑦株式数（株式の種類）」欄の各欄には、納税義務者が有する株式の種類ごとに記載するものとし、上段に株式数を、下段に株式の種類を記載します（記載例参照）。

　「㋺議決権数」の各欄には、株式の種類に応じた議決権数を記載します（議決権数は⑦株式数÷その株式の種類に応じた1単元の株式数により算定し、1単元に満たない株式に係る議決権数は切り捨てて記載します）。

　「㋬議決権割合（㋺／④）」の各欄には、評価会社の議決権の総数（④欄の議決権の総数）に占める議決権数（それぞれの株主の⑤欄の議決権数で、2種類以上の株式を所有している場合には、記載例のように、各株式に係る議決権数を合計した数）の割合を1％未満の端数を切り捨てて記載します（「納税義務者の属する同族関係者グループの議決権の合計数（⑤（②／④））」欄及び「筆頭株主グループの議決権の合計数（⑥（③／④））」欄は、各欄において、1％未満の端数を切り捨てて記載します。なお、これらの割合が50％超から51％未満までの範囲内にある場合には、1％未満の端数を切り上げて「51％」と記載します）。

（記載例）

氏名又は名称	続柄	会社における役職名	㋑株式数（株式の種類）	㋺議決権数	㋩議決権割合（㋺／④）
財務一郎	納税義務者	社長	株 10,000,000（普通株式）	個 10,000	％ 14
〃	〃	〃	2,000,000（種類株主 A）	4,000	

C

「1．株主及び評価方式の判定」の「判定基準」欄及び「判定」欄の各欄は、該当する文字を○で囲んで表示します。

　なお、「判定」欄において、「同族株主等」に該当した納税義務者のうち、議決権割合（㋩の割合）が5％未満である者については、「2．少数株式所有者の評価方式の判定」欄により評価方式の判定を行います。

　また、評価会社の株主のうちに中小企業投資育成会社がある場合は、財産評価基本通達188-6（投資育成会社が株主である場合の同族株主等）の定めがありますので、留意してください。

D

「2．少数株式所有者の評価方式の判定」欄は、「判定要素」欄に掲げる項目の「㋥役員」、「㋭納税義務者が中心的な同族株主」及び「㋬納税義務者以外に中心的な同族株主（又は株主）」の順に次により判定を行い、それぞれの該当する文字を○で囲んで表示します（「判定内容」欄のかっこ内は、それぞれの項目の判定結果を表します）。

（1）「㋥役員」欄は、納税義務者が課税時期において評価会社の役員である場合及び課税時期の翌日から法定申告期限までに役員となった場合に「である」とし、その他の者については「でない」として判定します。

（2）「㋭納税義務者が中心的な同族株主」欄は、納税義務者が中心的な同族株主に該当するかどうかの判定に使用しますので、納税義務者が同族株主のいない会社（⑥の割合が30％未満の場合）の株主である場合には、この欄の判定は必要ありません。

（3）「㋬納税義務者以外に中心的な同族株主（又は株主）」欄は、納税義務者以外の株主の中に中心的な同族株主（納税義務者が同族株主のいない会社の株主である場合には、中心的な株主）がいるかどうかを判定し、中心的な同族株主又は中心的な株主がいる場合には、下段の氏名欄にその中心的な同族株主又は中心的な株主のうち1人の氏名を記載します。

（3）　第1表の2　評価上の株主の判定及び会社規模の判定の明細書（続）

　この表は、会社規模の判定を行うために使用します。すなわち、評価会社の帳簿純資産価額、取引金額、従業員数等の情報に基づいて、その評価会社を「大会社」「中会社」「小会社」のいずれの規模に該当するか判定し、また、「中会社」である場合のLの割合の判定を行います。

　ただし、評価会社が「開業前又は休業中の会社」及び「清算中の会社」に該当する場合には、採用される評価方式は「純資産価額方式（清算中の会社は、原則として、清算分配見込額）」によることとなりますので、この表による株主の区分判定は不要です。

　「3.　会社の規模（Lの割合）の判定」の「判定要素」の各欄の記載は、次のとおりです。ただし、評価会社が「開業前又は休業中の会社」に該当する場合及び「開業後3年未満の会社等」に該当する場合には、「3.　会社の規模（Lの割合）の判定」欄を記載する必要はありません。

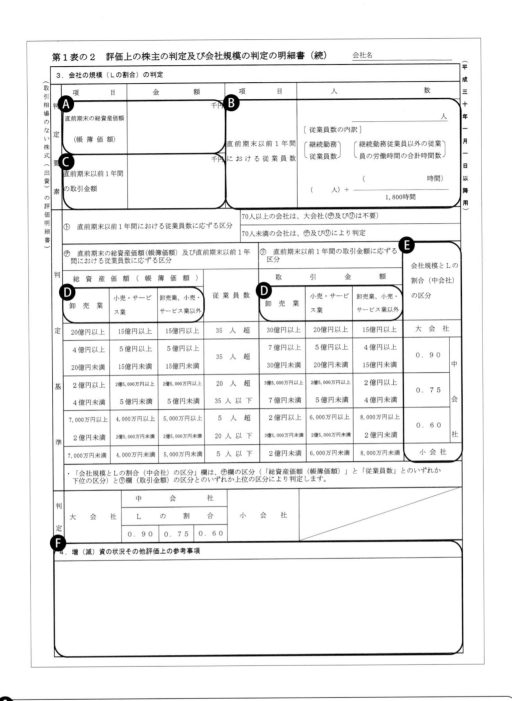

第1表の2　評価上の株主の判定及び会社規模の判定の明細書（続）　　会社名

24

　　2　売掛金、受取手形、貸付金等に対する貸倒引当金は控除しないことに留意してください。

　　3　前払費用、繰延資産、税効果会計の適用による繰延税金資産など、確定決算上の資産として計上されている資産は、帳簿価額の合計額に含めて記載します。

　　4　収用や特定の資産の買換え等の場合において、圧縮記帳引当金勘定に繰り入れた金額及び圧縮記帳積立金として積み立てた金額並びに翌事業年度以降に代替資産等を取得する予定であることから特別勘定に繰り入れた金額は、帳簿価額の合計額から控除しないことに留意してください。

B　「直前期末以前 1 年間における従業員数」欄には、直前期末以前 1 年間においてその期間継続して評価会社に勤務していた従業員（就業規則等で定められた 1 週間当たりの労働時間が 30 時間未満である従業員を除きます。以下「継続勤務従業員」といいます）の数に、直前期末以前 1 年間において評価会社に勤務していた従業員（継続勤務従業員を除きます）のその 1 年間における労働時間の合計時間数を従業員 1 人当たり年間平均労働時間数（1,800 時間）で除して求めた数を加算した数を記載します。

（注）1　上記により計算した評価会社の従業員数が、例えば 5.1 人となる場合は従業員数「5 人超」に、4.9 人となる場合は従業員数「5 人以下」に該当します。

　　　2　従業員には、社長、理事長並びに法人税法施行令第 71 条（（使用人兼務役員とされない役員））第 1 項第 1 号、第 2 号及び第 4 号に掲げる役員は含まないことに留意してください。

C　「直前期末以前 1 年間の取引金額」欄には、直前期の事業上の収入金額（売上高）を記載します。

　　この場合の事業上の収入金額とは、その会社の目的とする事業に係る収入金額（金融業・証券業については収入利息及び収入手数料）をいいます。

（注）直前期の事業年度が 1 年未満であるときには、課税時期の直前期末以前 1 年間の実際の収入金額によることとなりますが、実際の収入金額を明確に区分することが困難な期間がある場合は、その期間の収入金額を月数あん分して求めた金額によっても差し支えありません。

D　評価会社が「卸売業」、「小売・サービス業」又は「卸売業、小売・サービス業以外」のいずれの業種に該当するかは、直前期末以前 1 年間の取引金額に基づいて判定し、その取引金額のうちに 2 以上の業種に係る取引金額が含まれている場合には、それらの取引金額のうち最も多い取引金額に係る業種によって判定します。

E　「会社規模と L の割合（中会社）の区分」欄は、㋐欄の区分（「総資産価額（帳簿価額）」と「従業員数」とのいずれか下位の区分）と㋑欄（取引金額）の区分とのいずれか上位の区分により判定します。

（注）大会社及び L の割合が 0.90 の中会社の従業員数はいずれも「35 人超」のため、この場合の㋐欄の区

分は、「総資産価額（帳簿価額）」欄の区分によります。

Ｆ　「4. 増（減）資の状況その他評価上の参考事項」欄には、下記のような評価上参考となる事項を記載します。

① 課税時期の直前期末以後における増（減）資に関する事項

　例えば、増資については、次のように記載します。

　　　増資年月日　令和○年○月○日

　　　増資金額　　○○○　千円

　　　増資内容　1：0.5（1株当たりの払込金額50円、株主割当）

　　　増資後の資本金額　○○○　千円

② 課税時期以前3年間における社名変更、増（減）資、事業年度の変更、合併及び転換社債型新株予約権付社債（財産評価基本通達197（4）に規定する転換社債型新株予約権付社債、以下「転換社債」といいます）の発行状況に関する事項

③ 種類株式に関する事項

　例えば、種類株式の内容、発行年月日、発行株式数等を、次のように記載します。

　　　種類株式の内容　議決権制限株式

　　　発行年月日　令和○年○月○日

　　　発行株式数　○○○○○株

　　　発行価額　1株につき○○円（うち資本金に組み入れる金額○○円）

　　　1単元の株式の数　○○○株

　　　議決権　○○の事項を除き、株主総会において議決権を有しない。

　　　転換条項　令和○年○月○日から令和○年○月○日までの間は株主からの請求により普通株
　　　　　　　　式への転換可能（当初の転換価額は○○円）

　　　償還条項　なし

　　　残余財産の分配　普通株主に先立ち、1株につき○○円を支払う

④ 剰余金の配当の支払いに係る基準日及び効力発生日

⑤ 剰余金の配当のうち、資本金等の額の減少に伴うものの金額

⑥ その他評価上参考となる事項

（4）　第 2 表　特定の評価会社の判定の明細書

　この表は、評価会社が特定の評価会社に該当するかどうかを判定するために使用します。評価会社が明らかに特定の評価会社に該当しないと認められる場合及び配当還元方式を適用する株主について、原則的評価方式等の計算を省略する場合（原則的評価方式等により計算した価額が配当還元価額よりも高いと認められる場合）には、記載の必要はありません。

　この表に記載する各欄の金額は、それぞれ、「第 1 表」「第 4 表」及び「第 5 表」に基づいて記載することになるので、この表の記載に際しては、これらの評価明細書をあらかじめ作成する必要があります。

　特定の評価会社に該当した場合の具体的な株価の算定は、「第 6 表」で行います。

　なお、特定の評価会社とは次のいずれかになりますが、これらのうち 2 以上に該当する場合には、後の記号により判定します。

　㈑　比準要素数 1 の会社

　㈺　株式等保有特定会社

　㈾　土地保有特定会社

　㈲　開業後 3 年未満の会社等

　㈹　開業前又は休業中の会社

　㈭　清算中の会社

　この表のそれぞれの「判定基準」欄及び「判定」欄は、該当する文字を○で囲んで表示します。

（平成三十年一月一日以降用）

（取引相場のない株式（出資）の評価明細書）

Ⓐ 1．比準要素数1の会社

判　定　要　素						判定基準	(1)欄のいずれか2の判定要素が0であり、かつ、(2)欄のいずれか2以上の判定要素が0である（該当）・でない（非該当）
(1)直前期末を基とした判定要素			(2)直前々期末を基とした判定要素				
第4表のⒷ①の金額	第4表のⒸ①の金額	第4表のⒹ①の金額	第4表のⒷ②の金額	第4表のⒸ②の金額	第4表のⒹ②の金額		
円　銭	円	円	円　銭	円	円	判定	該　当　　　　非該当
0			0				

Ⓑ 2．株式等保有特定会社

判　定　要　素			判定基準	③の割合が50％以上である	③の割合が50％未満である
総資産価額（第5表の①の金額）	株式等の価額の合計額（第5表の⑦の金額）	株式等保有割合（②／①）			
① 千円	② 千円	③ ％	判定	該　当　　　　非該当	

3．土地保有特定会社

判　定　要　素			会社の規模の判定（該当する文字を○で囲んで表示します。）
総資産価額（第5表の①の金額）	土地等の価額の合計額（第5表のⒾの金額）	土地保有割合（⑤／④）	
④ 千円	⑤ 千円	⑥ ％	大会社・中会社・小会社

判定基準　会社の規模	大　会　社	中　会　社	小　会　社（総資産価額（帳簿価額）が次の基準に該当する会社）	
			・卸売業　20億円以上 ・小売・サービス業　15億円以上 ・上記以外の業種　15億円以上	・卸売業　7,000万円以上20億円未満 ・小売・サービス業　4,000万円以上15億円未満 ・上記以外の業種　5,000万円以上15億円未満

⑥の割合	70％以上	70％未満	90％以上	90％未満	70％以上	70％未満	90％以上	90％未満
判　定	該当	非該当	該当	非該当	該当	非該当	該当	非該当

4．開業後3年未満の会社等

(1)開業後3年未満の会社

判定要素		判定基準	課税時期において開業後3年未満である	課税時期において開業後3年未満でない
開業年月日	年　月　日	判定	該　当	非該当

Ⓒ (2)比準要素数0の会社

判定要素	直前期末を基とした判定要素			判定基準	直前期末を基とした判定要素がいずれも0である（該当）・でない（非該当）
	第4表のⒷの金額	第4表のⒸの金額	第4表のⒹの金額		
	円　銭 0	円	円	判定	該　当　　　　非該当

Ⓓ 5．開業前又は休業中の会社

開業前の会社の判定	休業中の会社の判定	6．清算中の会社	判　定
該当　　非該当	該当　　非該当		該　当　　　　非該当

7．特定の評価会社の判定結果

1．比準要素数1の会社　　　　2．株式等保有特定会社

3．土地保有特定会社　　　　　4．開業後3年未満の会社等

5．開業前又は休業中の会社　　6．清算中の会社

[該当する番号を○で囲んでください。なお、上記の「1．比準要素数1の会社」欄から「6．清算中の会社」欄の判定において2以上に該当する場合には、後の番号の判定によります。]

Ⓐ 「1．比準要素数1の会社」欄は、次により記載します。

　なお、評価会社が「3．土地保有特定会社」から「6．清算中の会社」のいずれかに該当する場合には、記載する必要はありません。

⑴　「判定要素」の「⑴ 直前期末を基とした判定要素」及び「⑵ 直前々期末を基とした判定要素」の各欄は、当該各欄が示している第4表の「2．比準要素等の金額の計算」の各欄の金額を記載します。

⑵　「判定基準」欄は、「⑴ 直前期末を基とした判定要素」欄の判定要素のいずれか2が0で、かつ、「⑵ 直前々期末を基とした判定要素」欄の判定要素のいずれか2以上が0の場合に、「である（該当）」を○で囲んで表示します。

(注)「⑴ 直前期末を基とした判定要素」欄の判定要素がいずれも0である場合は、「4．開業後3年未満の会社等」欄の「⑵ 比準要素数0の会社」に該当することに留意してください。

B　「2．株式等保有特定会社」及び「3．土地保有特定会社」の「総資産価額」欄等には、課税時期における評価会社の各資産を財産評価基本通達の定めにより評価した金額（第5表の①欄の金額等）を記載します。

　ただし、1株当たりの純資産価額（相続税評価額）の計算に当たって、第5表の記載方法等により直前期末における各資産及び各負債に基づいて計算を行っている場合には、当該直前期末において計算した第5表の当該各欄の金額により記載することになります（これらの場合、株式等保有特定会社及び土地保有特定会社の判定時期と純資産価額及び株式等保有特定会社のS_2の計算時期を同一とすることになりますから留意してください）。

　なお、「2．株式等保有特定会社」欄は、評価会社が「3．土地保有特定会社」から「6．清算中の会社」のいずれかに該当する場合には記載する必要はなく、「3．土地保有特定会社」欄は、評価会社が「4．開業後3年未満の会社等」から「6．清算中の会社」のいずれかに該当する場合には、記載する必要はありません。

(注)「2．株式等保有特定会社」の「株式等保有割合」欄の③欄の割合及び「3．土地保有特定会社」の「土地保有割合」欄の⑥欄の割合は、1％未満の端数を切り捨てて記載します。

C　「4．開業後3年未満の会社等」の「⑵ 比準要素数0の会社」の「判定要素」の「直前期末を基とした判定要素」の各欄は、当該各欄が示している第4表の「2．比準要素等の金額の計算」の各欄の金額（第2表の「1．比準要素数1の会社」の「判定要素」の「⑴ 直前期末を基とした判定要素」の各欄の金額と同一となります）を記載します。

　なお、評価会社が「⑴ 開業後3年未満の会社」に該当する場合には、「⑵ 比準要素数0の会社」の各欄は記載する必要はありません。

　また、評価会社が「5．開業前又は休業中の会社」又は「6．清算中の会社」に該当する場合には、「4．開業後3年未満の会社等」の各欄は、記載する必要はありません。

「5. 開業前又は休業中の会社」の各欄は、評価会社が「6. 清算中の会社」に該当する場合には、記載する必要はありません。

（5） 第3表　一般の評価会社の株式及び株式に関する 権利の価額の計算明細書

　この表は、一般の評価会社の株式及び株式に関する権利の評価に使用します（特定の評価会社の株式及び株式に関する権利の評価については、「第6表　特定の評価会社の株式及び株式に関する権利の価額の計算明細書」を使用します）。

　この表の各欄の金額は、各欄の表示単位未満の端数を切り捨てて記載します。

　「1. 原則的評価方式による価額」の「株式の価額の修正」欄の「1株当たりの割当株式数」及び「1株当たりの割当株式数又は交付株式数」は、1株未満の株式数を切り捨てずに実際の株式数を記載します。

　「2. 配当還元方式による価額」欄は、第1表の1の「1. 株主及び評価方式の判定」欄又は「2. 少数株式所有者の評価方式の判定」欄の判定により納税義務者が配当還元方式を適用する株主に該当する場合に、次により記載します。

第3表　一般の評価会社の株式及び株式に関する権利の価額の計算明細書　会社名＿＿＿＿＿＿

（平成三十年一月一日以降用）

（取引相場のない株式（出資）の評価明細書）

	1株当たりの価額の計算の基となる金額	類似業種比準価額 （第4表の㉖、㉓又は㉘の金額） ①　　　　　円	1株当たりの純資産価額 （第5表の⑪の金額） ②　　　　　円	1株当たりの純資産価額の80％相当額（第5表の⑫の記載がある場合のその金額） ③　　　　　円

1．原則的評価方式による価額

1株当たりの価額の計算

区　分	1株当たりの価額の算定方法	1株当たりの価額
大会社の株式の価額	①の金額と②の金額とのいずれか低い方の金額 （②の記載がないときは①の金額）	④　　　　　円
中会社の株式の価額	①と②とのいずれか低い方の金額　Lの割合　　　②の金額（③の金額があるときは③の金額）　Lの割合 （　　　円×0.　　　）＋（　　　円×（1−0.　　　））	⑤　　　　　円
小会社の株式の価額	②の金額（③の金額があるときは③の金額）と次の算式によって計算した金額とのいずれか低い方の金額 　　　①の金額　　　　　　　　　　②の金額（③の金額があるときは③の金額） （　　　円×0.50）＋（　　　円×0.50）＝　　　円	⑥　　　　　円

株式の価額の修正

	株式の価額 （④、⑤又は⑥）	1株当たりの配当金額	修正後の株式の価額
課税時期において配当期待権の発生している場合	円−	円　　　銭	⑦　　　　　円

		株式の価額 （④、⑤又は⑥（⑦があるときは⑦））	割当株式1株当たりの払込金額	1株当たりの割当株式数	1株当たりの割当株式数又は交付株式数	修正後の株式の価額
課税時期において株式の割当てを受ける権利、株主となる権利又は株式無償交付期待権の発生している場合		（　　　円＋	円×	株）÷（1株＋	株）	⑧　　　　　円

2．配当還元方式による価額

Ⓐ

1株当たりの資本金等の額、発行済株式数等	直前期末の資本金等の額	直前期末の発行済株式数	直前期末の自己株式数	1株当たりの資本金等の額を50円とした場合の発行済株式数（⑨÷50円）	1株当たりの資本金等の額（⑨÷（⑩−⑪））
	⑨　　　千円	⑩　　　株	⑪　　　株	⑫　　　株	⑬　　　円

Ⓑ 直前期末以前2年間の配当金額

事業年度	⑭年配当金額	⑮左のうち非経常的な配当金額	⑯差引経常的な年配当金額（⑭−⑮）	年平均配当金額
直前期	千円	㋑ 千円	㋩ 千円	⑰（㋑＋㋺）÷2　千円
直前々期	千円	㋺ 千円	㋥ 千円	

1株（50円）当たりの年配当金額	年平均配当金額（⑰）　　　　　⑫の株式数 　　千円　÷　　　株　＝　　　円　　銭	この金額が2円50銭未満の場合は2円50銭とします。

配当還元価額	⑱の金額　　　　　⑬の金額　　　　⑲ 　円　銭　　　　　円 ──── × ──── ＝ 10%　　　　　50円	Ⓒ　　　円　⑲の金額が、原則的評価方式により計算した価額を超える場合には、原則的評価方式により計算した価額とします。

3．株式に関する権利の価額（1．及び2．に共通）

配当期待権	1株当たりの予想配当金額　源泉徴収されるべき所得税相当額 （　　円　　銭）−（　　円　　銭）	㉑　　円　銭

4．株式及び株式に関する権利の価額（1．及び2．に共通）

株式の割当てを受ける権利（割当株式1株当たりの価額）	⑧（配当還元方式の場合は⑳）の金額　　割当株式1株当たりの払込金額 　円−　　　　円	㉒　　円	Ⓓ 株式の評価額　　円
株主となる権利（割当株式1株当たりの価額）	⑧（配当還元方式の場合は⑳）の金額（課税時期後にその株主となる権利につき払い込むべき金額があるときは、その金額を控除した金額）	㉓　　円	Ⓔ 株式に関する権利の評価額　　円（　円　銭）
株式無償交付期待権（交付される株式1株当たりの価額）	⑧（配当還元方式の場合は⑳）の金額	㉔　　円	

Ⓐ　「1株当たりの資本金等の額、発行済株式数等」の「直前期末の資本金等の額」欄の⑨欄の金額は、法人税申告書別表五（一）（（利益積立金額及び資本金等の額の計算に関する明細書））（以下「別表五（一）」といいます）の「差引翌期首現在資本金等の額」の「差引合計額」欄の金額

を記載します。

B 「直前期末以前 2 年間の配当金額」欄は、評価会社の年配当金額の総額を基に、第 4 表の記載方法等により記載します。

C 「配当還元価額」欄の⑳欄の金額の記載に当たり、原則的評価方式により計算した価額が配当還元価額よりも高いと認められるときには、「1. 原則的評価方式による価額」欄の計算を省略しても差し支えありません。

「4. 株式及び株式に関する権利の価額」欄は、次により記載します。

D 「株式の評価額」欄には、①欄から⑳欄までにより計算したその株式の価額を記載します。

E 「株式に関する権利の評価額」欄には、㉑欄から㉔欄までにより計算した株式に関する権利の価額を記載します。

なお、株式に関する権利が複数発生している場合には、それぞれの金額ごとに別に記載します（配当期待権の価額は、円単位で円未満 2 位（銭単位）により記載します）。

（6） 第 4 表　類似業種比準価額等の計算明細書

この表は、「類似業種比準価額」の計算を行うために使用します。

この表に記載する類似業種の業種目番号や株価、比準割合の計算に用いる比準要素については、国税庁ホームページ等で公表されている課税時期現在の資料を取得して確認します。

第 4 表の各欄の記載方法は次のとおりです。

（第 4 表-1）「2. 比準要素等の金額の計算」の各欄の記載

第 4 表　類似業種比準価額等の計算明細書

(A)

「1 株（50 円）当たりの年配当金額」の「直前期末以前 2（3）年間の年平均配当金額」欄は、評価会社の剰余金の配当金額を基に次により記載します。

イ　「⑥ 年配当金額」欄には、各事業年度中に配当金交付の効力が発生した剰余金の配当（資本金等の額の減少によるものを除きます）の金額を記載します。

ロ　「⑦ 左のうち非経常的な配当金額」欄には、剰余金の配当金額の算定の基となった配当金額のうち、特別配当、記念配当等の名称による配当金額で、将来、毎期継続することが予想できない金額を記載します。

ハ　「直前期」欄の記載に当たって、1 年未満の事業年度がある場合には、直前期末以前 1 年間に対応する期間に配当金交付の効力が発生した剰余金の配当金額の総額を記載します。

なお、「直前々期」及び「直前々期の前期」の各欄についても、これに準じて記載します。

(B)

「1 株（50 円）当たりの年配当金額」の「⑧」欄は、「比準要素数 1 の会社・比準要素数 0 の会社の判定要素の金額」の⑧欄の金額を記載します。

C 「1株（50円）当たりの年利益金額」の「直前期末以前2（3）年間の利益金額」欄は、次により記載します。

　イ　「⑫ 非経常的な利益金額」欄には、固定資産売却益、保険差益等の非経常的な利益の金額を記載します。この場合、非経常的な利益の金額は、非経常的な損失の金額を控除した金額（負数の場合は0）とします。

　ロ　「直前期」欄の記載に当たって、1年未満の事業年度がある場合には、直前期末以前1年間に対応する期間の利益の金額を記載します。この場合、実際の事業年度に係る利益の金額をあん分する必要があるときは、月数により行います。

　　　なお、「直前々期」及び「直前々期の前期」の各欄についても、これに準じて記載します。

D 「1株（50円）当たりの年利益金額」の「比準要素数1の会社・比準要素数0の会社の判定要素の金額」の©欄及びⒸ欄は、それぞれ次により記載します。

　イ　©欄は、㊁の金額（ただし、納税義務者の選択により、㊁の金額と㋭の金額との平均額によることができます）を⑤の株式数で除した金額を記載します。

　ロ　Ⓒ欄は、㋭の金額（ただし、納税義務者の選択により、㋭の金額と㋬の金額との平均額によることができます）を⑤の株式数で除した金額を記載します。

（注）1　©又はⒸの金額が負数のときは、0とします。
　　　2　「直前々期の前期」の各欄は、上記のロの計算において、㋭の金額と㋬の金額との平均額によらない場合には記載する必要はありません。

E 「1株（50円）当たりの年利益金額」の「©」欄には、㊁の金額を⑤の株式数で除した金額を記載します。ただし、納税義務者の選択により、直前期末以前2年間における利益金額を基として計算した金額（（㊁＋㋭）÷2）を⑤の株式数で除した金額を©の金額とすることができます。
（注）©の金額が負数のときは、0とします。

F 「1株（50円）当たりの純資産価額」の「直前期末（直前々期末）の純資産価額」の「⑰資本金等の額」欄は、第3表の記載方法等の**A**に基づき記載します。また、「⑱利益積立金額」欄には、別表五（一）の「差引翌期首現在利益積立金額」の「差引合計額」欄の金額を記載します。

G 「1株（50円）当たりの純資産価額」の「比準要素数1の会社・比準要素数0の会社の判定要素の金額」の 、Ⓓ欄及びⒹ欄は、それぞれ㋣及び㋠の金額を⑤の株式数で除した金額を記載します。

（注）⑭及び⑫の金額が負数のときは、0とします。

H 「1株（50円）当たりの純資産価額」の「⑪」欄には、上記**G**で計算した⑪の金額を記載します。

（注）⑪の金額が負数のときは、0とします。

（第4表-2）「3. 類似業種比準価額の計算」の各欄の記載方法

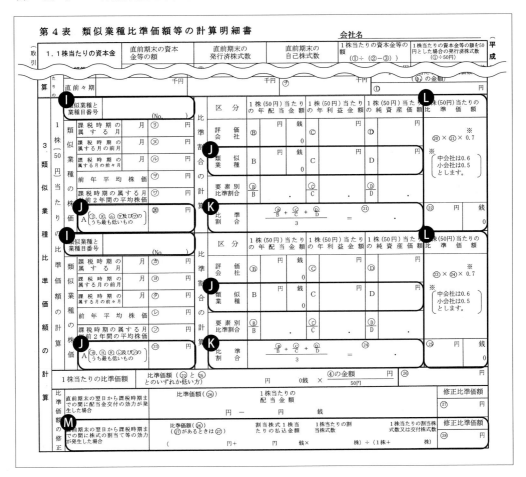

I 「類似業種と業種目番号」欄には、第1表の1の「事業内容」欄に記載された評価会社の事業内容に応じて、別に定める類似業種比準価額計算上の業種目及びその番号を記載します。

　この場合において、評価会社の事業が該当する業種目は直前期末以前1年間の取引金額に基づいて判定した業種目とします。

なお、直前期末以前 1 年間の取引金額に 2 以上の業種目に係る取引金額が含まれている場合の業種目は、業種目別の割合が 50 ％を超える業種目とし、その割合が 50 ％を超える業種目がない場合は、次に掲げる場合に応じたそれぞれの業種目とします。

イ　評価会社の事業が一つの中分類の業種目中の 2 以上の類似する小分類の業種目に属し、それらの業種目別の割合の合計が 50 ％を超える場合

　　……その中分類の中にある類似する小分類の「その他の○○業」

ロ　評価会社の事業が一つの中分類の業種目中の 2 以上の類似しない小分類の業種目に属し、それらの業種目別の割合の合計が 50 ％を超える場合（イに該当する場合は除きます）

　　……その中分類の業種目

ハ　評価会社の事業が一つの大分類の業種目中の 2 以上の類似する中分類の業種目に属し、それらの業種目別の割合の合計が 50 ％を超える場合

　　……その大分類の中にある類似する中分類の「その他の○○業」

ニ　評価会社の事業が一つの大分類の業種目中の 2 以上の類似しない中分類の業種目に属し、それらの業種目別の割合の合計が 50 ％を超える場合（ハに該当する場合を除きます）

　　……その大分類の業種目

ホ　イからニのいずれにも該当しない場合

　　……大分類の業種目の中の「その他の産業」

(注) 業種目別の割合 ＝ $\dfrac{\text{業種目別の取引金額}}{\text{評価会社全体の取引金額}}$

　また、類似業種は、業種目の区分の状況に応じて、次によります。

業種目の区分の状況	類 似 業 種
上記により判定した業種目が小分類に区分されている業種目の場合	小分類の業種目とその業種目の属する中分類の業種目とをそれぞれ記載します。
上記により判定した業種目が中分類に区分されている業種目の場合	中分類の業種目とその業種目の属する大分類の業種目とをそれぞれ記載します。
上記により判定した業種目が大分類に区分されている業種目の場合	大分類の業種目を記載します。

J　「類似業種の株価」及び「比準割合の計算」の各欄には、別に定める類似業種の株価 A、1 株（50 円）当たりの年配当金額 B、1 株（50 円）当たりの年利益金額 C 及び 1 株（50 円）当たりの純資産価額 D の金額を記載します。

K　「比準割合の計算」の「比準割合」欄の比準割合（㉑及び㉔）は、「1 株（50 円）当たりの年

配当金額」、「1株（50円）当たりの年利益金額」及び「1株（50円）当たりの純資産価額」の各欄の要素別比準割合を基に、次の算式により計算した割合を記載します。

$$比準割合 = \frac{\dfrac{Ⓑ}{B} + \dfrac{Ⓒ}{C} + \dfrac{Ⓓ}{D}}{3}$$

Ⓛ　「1株（50円）当たりの比準価額」欄は、評価会社が第1表の2の「3. 会社の規模（Lの割合）の判定」欄により、中会社に判定される会社にあっては算式中の「0.7」を「0.6」、小会社に判定される会社にあっては算式中の「0.7」を「0.5」として計算した金額を記載します。

Ⓜ　「比準価額の修正」欄の「1株当たりの割当株式数」及び「1株当たりの割当株式数又は交付株式数」は、1株未満の株式数を切り捨てずに実際の株式数を記載します。

(注)　**Ⓘ**の類似業種比準価額計算上の業種目及びその番号、並びに、**Ⓙ**の類似業種の株価A、1株（50円）当たりの年配当金額B、1株（50円）当たりの年利益金額C及び1株（50円）当たりの純資産価額Dの金額については、該当年分の「令和○年分の類似業種比準価額計算上の業種目及び業種目別株価等について（法令解釈通達）」でご確認の上記入してください。なお、当該通達については、国税庁ホームページ【www.nta.go.jp】上で確認できます。

（7）　第5表　1株当たりの純資産価額（相続税評価額）の計算明細書

　この表は、「1株当たりの純資産価額（相続税評価額）」の計算のほか、「株式等保有特定会社」及び「土地保有特定会社」の判定に必要な「純資産価額」「株式等の価額の合計額」及び「土地等の価額の合計額」の計算にも使用します。

　この表の各欄の金額は、各欄の表示単位未満の端数を切り捨てて記載します。

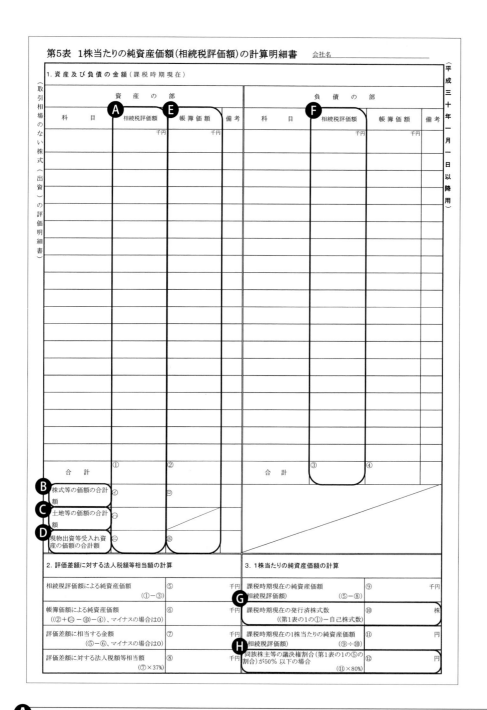

第5表　1株当たりの純資産価額（相続税評価額）の計算明細書　会社名＿＿＿＿＿＿＿

（平成三十年一月一日以降用）

（取引相場のない株式（出資）の評価明細書）

1. 資産及び負債の金額（課税時期現在）

資 産 の 部				負 債 の 部			
科　目	相続税評価額	帳簿価額	備考	科　目	相続税評価額	帳簿価額	備考
	千円	千円			千円	千円	

| 合　計 | ① | ② | | 合　計 | ③ | ④ | |

株式等の価額の合計額　㋑
土地等の価額の合計額　㋺
現物出資等受入れ資産の価額の合計額　㋩

2. 評価差額に対する法人税額等相当額の計算

相続税評価額による純資産価額 （①－③）	⑤	千円
帳簿価額による純資産価額 （（②＋㋩－㋥）－④、マイナスの場合は0）	⑥	千円
評価差額に相当する金額 （⑤－⑥、マイナスの場合は0）	⑦	千円
評価差額に対する法人税額等相当額 （⑦×37%）	⑧	千円

3. 1株当たりの純資産価額の計算

課税時期現在の純資産価額 （相続税評価額）　（⑤－⑧）	⑨	千円
課税時期現在の発行済株式数 （第1表の1の①－自己株式数）	⑩	株
課税時期現在の1株当たりの純資産価額 （相続税評価額）　（⑨÷⑩）	⑪	円
同族株主等の議決権割合（第1表の1の⑤の割合）が50%以下の場合 （⑪×80%）	⑫	円

Ⓐ　「資産の部」の「相続税評価額」欄には、課税時期における評価会社の各資産について、財産評価基本通達の定めにより評価した価額（以下「相続税評価額」といいます）を次により記載します。

- 課税時期前 3 年以内に取得又は新築した土地及び土地の上に存する権利（以下「土地等」といいます）並びに家屋及びその附属設備又は構築物（以下「家屋等」といいます）がある場合には、当該土地等又は家屋等の相続税評価額は、課税時期における通常の取引価額に相当する金額（ただし、その土地等又は家屋等の帳簿価額が課税時期における通常の取引価額に相当すると認められる場合には、その帳簿価額に相当する金額）によって評価した価額を記載します。この場合、その土地等又は家屋等は、他の土地等又は家屋等と「科目」欄を別にして、「課税時期前 3 年以内に取得した土地等」などと記載します。

- 取引相場のない株式、出資又は転換社債（財産評価基本通達 197-5（転換社債型新株予約権付社債の評価）の(3)のロに定めるものをいいます）の価額を純資産価額（相続税評価額）で評価する場合には、評価差額に対する法人税額等相当額の控除を行わないで計算した金額を「相続税評価額」として記載します（なお、その株式などが株式等保有特定会社の株式などである場合において、納税義務者の選択により、「S_1+S_2」方式によって評価する場合の S_2 の金額の計算においても、評価差額に対する法人税額等相当額の控除は行わないで計算することになります）。この場合、その株式などは、他の株式などと「科目」欄を別にして、「法人税額等相当額の控除不適用の株式」などと記載します。

- 評価の対象となる資産について、帳簿価額がないもの（例えば、借地権、営業権等）であっても相続税評価額が算出される場合には、その評価額を「相続税評価額」欄に記載し、「帳簿価額」欄には「0」と記載します。

- 評価の対象となる資産で帳簿価額のあるもの（例えば、借家権、営業権等）であっても、その課税価格に算入すべき相続税評価額が算出されない場合には、「相続税評価額」欄に「0」と記載し、その帳簿価額を「帳簿価額」欄に記載します。

- 評価の対象とならないもの（例えば、財産性のない創立費、新株発行費等の繰延資産、繰延税金資産）については、記載しません。

B 「株式等の価額の合計額」欄の㋑の金額は、評価会社が有している（又は有しているとみなされる）株式、出資及び新株予約権付社債（会社法等第 2 条第 22 号に規定する新株予約権付社債をいいます）（以下「株式等」といいます）の相続税評価額の合計額を記載します。この場合、次のことに留意してください。

　㋑　所有目的又は所有期間のいかんにかかわらず、すべての株式等の相続税評価額を合計します。

　㋺　法人税法第 12 条（（信託財産に属する資産及び負債並びに信託財産に帰せられる収益及び費用の帰属））の規定により評価会社が信託財産を有するものとみなされる場合（ただし、

評価会社が明らかに当該信託財産の収益の受益権のみを有している場合を除きます）におい
て、その信託財産に株式等が含まれているときには、評価会社が当該株式等を所有している
ものとみなします。

(ハ) 「出資」とは、「法人」に対する出資をいい、民法上の組合等に対する出資は含まれません。

C　「土地等の価額の合計額」欄の㈥の金額は、評価会社が所有している（又は所有しているとみ
なされる）土地等の相続税評価額の合計額を記載します。

D　「現物出資等受入れ資産の価額の合計額」欄の㈦の金額は、各資産の中に、現物出資、合併、
株式交換又は株式移転により著しく低い価額で受け入れた資産（以下「現物出資等受入れ資産」
といいます）がある場合に、現物出資、合併、株式交換又は株式移転の時におけるその現物出資
等受入れ資産の相続税評価額の合計額を記載します。

　ただし、その相続税評価額が、課税時期におけるその現物出資等受入れ資産の相続税評価額を
上回る場合には、課税時期におけるその現物出資等受入れ資産の相続税評価額を記載します。

　また、現物出資等受入れ資産が合併により著しく低い価額で受け入れた資産（以下「合併受入
資産」といいます）である場合に、合併の時又は課税時期におけるその合併受入資産の相続税評
価額が、合併受入資産に係る被合併会社の帳簿価額を上回るときは、その帳簿価額を記載します。

(注)「相続税評価額」の「合計」欄の①欄の金額に占める課税時期における現物出資等受入れ資産の相続税
　　評価額の合計の割合が 20％以下の場合には、「現物出資等受入れ資産の価額の合計額」欄は、記載しま
　　せん。

E　「資産の部」の「帳簿価額」欄には、「資産の部」の「相続税評価額」欄に評価額が記載された
各資産についての課税時期における税務計算上の帳簿価額を記載します。

(注) 1　固定資産に係る減価償却累計額、特別償却準備金及び圧縮記帳に係る引当金又は積立金の金額があ
　　　る場合には、それらの金額をそれぞれの引当金等に対応する資産の帳簿価額から控除した金額をその
　　　固定資産の帳簿価額とします。
　　 2　営業権に含めて評価の対象となる特許権、漁業権等の資産の帳簿価額は、営業権の帳簿価額に含め
　　　て記載します。

F　「負債の部」の「相続税評価額」欄には、評価会社の課税時期における各負債の金額を、「帳簿
価額」欄には、「負債の部」の「相続税評価額」欄に評価額が記載された各負債の税務計算上の
帳簿価額をそれぞれ記載します。この場合、貸倒引当金、退職給与引当金、納税引当金及びその
他の引当金、準備金並びに繰延税金負債に相当する金額は、負債に該当しないものとします。た

だし、退職給与引当金のうち、平成14年改正法人税法附則第8条（（退職給与引当金に関する経過措置））第2項及び第3項適用後の退職給与引当金（以下「経過措置適用後の退職給与引当金」といいます）勘定の金額に相当する金額は負債とします。

なお、次の金額は、帳簿に負債としての記載がない場合であっても、課税時期において未払いとなっているものは負債として「相続税評価額」欄及び「帳簿価額」欄のいずれにも記載します。

① 未納公租公課、未払利息等の金額

② 課税時期以前に賦課期日のあった固定資産税及び都市計画税の税額

③ 被相続人の死亡により、相続人その他の者に支給することが確定した退職手当金、功労金その他これらに準ずる給与の金額（ただし、経過措置適用後の退職給与引当金の取崩しにより支給されるものは除きます）

④ 課税時期の属する事業年度に係る法人税額（地方法人税額を含みます）、消費税額（地方消費税額を含みます）、事業税額（地方法人特別税額を含みます）、道府県民税額及び市町村民税額のうち、その事業年度開始の日から課税時期までの期間に対応する金額

1株当たりの純資産価額（相続税評価額）の計算は、前述の説明のとおり課税時期における各資産及び各負債の金額によることとしていますが、評価会社が課税時期において仮決算を行っていないため、課税時期における資産及び負債の金額が明確でない場合において、直前期末から課税時期までの間に資産及び負債について著しく増減がないため評価額の計算に影響が少ないと認められるときは、課税時期における各資産及び各負債の金額は、次により計算しても差し支えありません。このように計算した場合には、第2表の「2．株式等保有特定会社」欄及び「3．土地保有特定会社」欄の判定における総資産価額等についても、同様に取り扱われることになりますので、これらの特定の評価会社の判定時期と純資産価額及び株式等保有特定会社の S_2 の計算時期は同一となります。

① 「相続税評価額」欄については、直前期末の資産及び負債の課税時期の相続税評価額

② 「帳簿価額」欄については、直前期末の資産及び負債の帳簿価額

（注）①及び②の場合において、帳簿に負債としての記載がない場合であっても、次の金額は、負債として取り扱うことに留意してください。

　(イ) 未納公租公課、未払利息等の金額

　(ロ) 直前期末日以前に賦課期日のあった固定資産税及び都市計画税の税額のうち、未払いとなっている金額

　(ハ) 直前期末日後から課税時期までに確定した剰余金の配当等の金額

　(ニ) 被相続人の死亡により、相続人その他の者に支給することが確定した退職手当金、功労金その他これらに準ずる給与の金額（ただし、経過措置適用後の退職給与引当金の取崩しにより支給されるものは除きます）

被相続人の死亡により評価会社が生命保険金を取得する場合には、その生命保険金請求権（未収保険金）の金額を「資産の部」の「相続税評価額」欄及び「帳簿価額」欄のいずれにも記載します。

　「2. 評価差額に対する法人税額等相当額の計算」欄の「帳簿価額による純資産価額」及び「評価差額に相当する金額」がマイナスとなる場合は、「0」と記載します。

　「3. 1株当たりの純資産価額の計算」の各欄は、次により記載します。

G
　「課税時期現在の発行済株式数」欄は、課税時期における発行済株式の総数を記載しますが、評価会社が自己株式を有している場合には、その自己株式の数を控除した株式数を記載します。

H
　「同族株主等の議決権割合（第1表の1の⑤の割合）が50％以下の場合」欄は、納税義務者が議決権割合（第1表の1の⑤の割合）50％以下の株主グループに属するときにのみ記載します。
（注）納税義務者が議決権割合50％以下の株主グループに属するかどうかの判定には、第1表の1の記載方法等に留意してください。

（8）　第6表　特定の評価会社の株式及び株式に関する権利の価額の計算明細書

　この表は、特定の評価会社の株式及び株式に関する権利の評価に使用します（一般の評価会社の式及び株式に関する権利の評価については、「第3表　一般の評価会社の株式及び株式に関する権利の価額の計算明細書」を使用します）。

　この表の各欄の金額は、各欄の表示単位未満の端数を切り捨てて記載します。

第6表　特定の評価会社の株式及び株式に関する権利の価額の計算明細書　会社名＿＿＿＿＿

<table>
<tr><td rowspan="2">（取引相場のない株式（出資）の評価明細書）</td><td colspan="2" rowspan="2">1株当たりの価額の計算の基となる金額</td><td colspan="2">類似業種比準価額
（第4表の㉖、㉗又は㉘の金額）</td><td colspan="2">1株当たりの純資産価額
（第5表の⑪の金額）</td><td>1株当たりの純資産価額の80％相当額（第5表の⑫の記載がある場合のその金額）</td><td rowspan="12">平成三十年一月一日以降用</td></tr>
<tr><td colspan="2">①　　　　　　円</td><td colspan="2">②　　　　　　円</td><td>③　　　　　　円</td></tr>
</table>

A　1. 純資産価額方式等による価額

1株当たりの価額の計算

株式の区分	1株当たりの価額の算定方法等	1株当たりの価額
比準要素数1の会社の株式	②の金額（③の金額があるときは③の金額）と次の算式によって計算した金額とのいずれか低い方の金額 （①の金額　　円×0.25）＋（②の金額（③の金額があるときは③の金額）　　円×0.75）＝　　円	④　　　　円
株式等保有特定会社の株式	（第8表の㉗の金額）	⑤　　　　円
土地保有特定会社の株式	（②の金額（③の金額があるときはその金額））	⑥　　　　円
開業後3年未満の会社等の株式	（②の金額（③の金額があるときはその金額））	⑦　　　　円
開業前又は休業中の会社の株式	（②の金額）	⑧　　　　円

株式の価額の修正

	株式の価額	1株当たりの配当金額	修正後の株式の価額
課税時期において配当期待権の発生している場合	④、⑤、⑥、⑦又は⑧ 円－	円　　銭	⑨　　　　円
課税時期において株式の割当てを受ける権利、株主となる権利又は株式無償交付期待権の発生している場合	株式の価額 ④、⑤、⑥、⑦又は⑧ （⑨があるときは⑨） （　　円＋	割当株式1株当たりの払込金額 円×	1株当たりの割当株式数 株）÷（1株＋ 1株当たりの割当株式数又は交付株式数 株）	⑩　　　　円

B　2. 配当還元方式による価額

直前期末以前2年間の配当金額

1株当たりの資本金等の額、発行済株式数等	直前期末の資本金等の額	直前期末の発行済株式数	直前期末の自己株式数	1株当たりの資本金等の額を50円とした場合の発行済株式数（⑪÷50円）	1株当たりの資本金等の額（⑪÷（⑫－⑬））
	⑪　　千円	⑫　　株	⑬　　株	⑭　　株	⑮　　円

事業年度	⑯年配当金額	⑰左のうち非経常的な配当金額	⑱差引経常的な年配当金額（⑯－⑰）	年平均配当金額
直前期	千円	㋑　　千円	㋩　　千円	⑲　㋑＋㋺）÷2　　千円
直前々期	千円	㋺　　千円	㋥　　千円	

1株（50円）当たりの年配当金額	年平均配当金額（⑲） 千円÷	⑭の株式数 株＝	⑳ 円　　銭	この金額が2円50銭未満の場合は2円50銭とします。

配当還元価額	⑳の金額 円　銭 10%	⑮の金額 ×　円 50円	㉑ ＝　　円	㉒ 円	㉑の金額が、純資産価額方式等により計算した価額を超える場合には、純資産価額方式等により計算した価額とします。

C　3. 株式及び株式に関する権利の価額

配当期待権	1株当たりの予想配当金額 （　円　銭）－	源泉徴収されるべき所得税相当額 （　円　銭）	㉓ 円　銭	**4. 株式及び株式に関する権利の価額**（1. 及び2. に共通）
株式の割当てを受ける権利（割当株式1株当たりの価額）	⑩（配当還元方式の場合は㉒）の金額 円－	割当株式1株当たりの払込金額 円	㉔ 円	株式の評価額 （　　円　　銭）
株主となる権利（割当株式1株当たりの価額）	⑩（配当還元方式の場合は㉒）の金額（課税時期後にその株主となる権利につき払い込むべき金額があるときは、その金額を控除した金額）		㉕ 円	株式に関する権利の評価額 （　　円　　銭）
株式無償交付期待権（交付される株式1株当たりの価額）	⑩（配当還元方式の場合は㉒）の金額		㉖ 円	

A　「1. 純資産価額方式による価額」欄は、評価する会社が特定の評価会社と判定され、評価しようとする者が同族株主等に該当する場合に、次により記載します。

　(1)　比準要素数1の会社の株式…………純資産価額（80％評価可）又は類似業種比準価額

$$\times 0.25 + 純資産価額（80\%評価可）\times 0.75$$

  (2) 株式等保有特定会社の株式…………純資産価額又は $S_1 + S_2$ 方式による価額

  (3) 土地保有特定会社の株式…………純資産価額（80%評価可）

  (4) 開業後3年未満の会社等の株式……純資産価額（80%評価可）

  (5) 開業前又は休業中の会社の株式……純資産価額

B 「2. 配当還元方式による価額」欄は、第1表の1の「1.株主及び評価方式の判定」欄又は「2. 少数株式所有者の評価方式の判定」欄の判定により納税義務者が配当還元方式を適用する株主に該当する場合に、次により記載します。

  (1) 「直前期末以前2年間の配当金額」欄は、第4表の記載方法等に準じて記載します。

  (2) 「配当還元価額」欄の㉒欄の金額の記載に当たっては、純資産価額方式等により計算した価額が、配当還元価額よりも高いと認められる場合には、「1. 純資産価額方式等による価額」欄の計算を省略して差し支えありません。

C 「3. 株式に関する権利の価額」欄及び「4. 株式及び株式に関する権利の価額」欄は、第3表の記載方法等の**D**に準じて記載します。

（9）　第7表　株式等保有特定会社の株式の価額の計算明細書

　この表は、評価会社が株式等保有特定会社である場合において、その株式の価額を「$S_1 + S_2$」方式によって評価するときに、「S_1」における類似業種比準価額の修正計算を行うために使用します。この表の記載に当たっては、あらかじめ「第4表」と「第5表」を作成する必要があります。

　この表の各欄の金額は、各欄の表示単位未満の端数を切り捨てて記載します。

　「S_1の金額（類似業種比準価額の修正計算）」の各欄は、次により記載します。

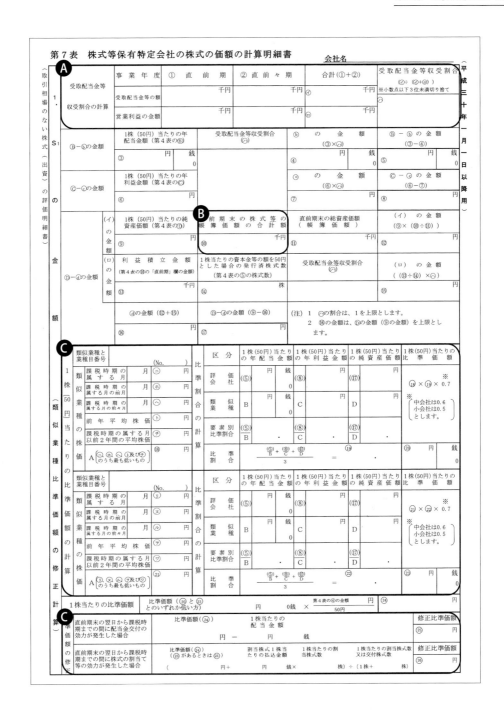

A 「受取配当金等収受割合の計算」の各欄は、次により記載します。

イ　「受取配当金等の額」欄は、直前期及び直前々期の各事業年度における評価会社の受取配
　当等の額（法人から受ける剰余金の配当（株式又は出資に係るものに限るものとし、資本金

等の額の減少によるものを除きます）、利益の配当、剰余金の分配（出資に係るものに限ります）及び新株予約権付社債に係る利息の額をいいます）の総額を、それぞれの各欄に記載し、その合計額を「合計」欄に記載します。

ロ　「営業利益の金額」欄は、イと同様に、各事業年度における評価会社の営業利益の金額（営業利益の金額に受取配当金等の額が含まれている場合には、受取配当金等の額を控除した金額）について記載します。

ハ　「① 直前期」及び「② 直前々期」の各欄の記載に当たって、1年未満の事業年度がある場合には、第4表の記載方法等により記載します。

ニ　「受取配当金等収受割合」欄は、小数点以下3位未満の端数を切り捨てて記載します。

B 「直前期末の株式及び出資の帳簿価額の合計額」欄の⑩欄の金額は、直前期末における株式等の税務計算上の帳簿価額の合計額を記載します（第5表を直前期末における各資産に基づいて作成しているときは、第5表の⊡の金額を記載します）。

C 「1株（50円）当たりの比準価額」欄、「1株当たりの比準価額」欄及び「比準価額の修正」欄は、第4表の記載方法等に準じて記載します。

（10）　第8表　株式等保有特定会社の株式の価額の計算明細書（続）

　この表は、評価会社が株式等保有特定会社である場合において、その株式の価額を「S_1+S_2」方式によって評価するときのS_1における純資産価額の修正計算及び1株当たりのS_1の金額の計算並びにS_2の金額の計算を行うために使用します。

　この表の記載に際して、「第4表」「第5表」及び「第7表」をあらかじめ作成しておく必要があります。

　この表の各欄の金額は、各欄の表示単位未満の端数を切り捨てて記載します。

　「2.　S_2の金額」の各欄は、次により記載します。

第 8 表　株式等保有特定会社の株式の価額の計算明細書（続）　　会社名

（平成三十年一月一日以降用）

1. S₁の金額（続）

純資産価額（相続税評価額）の修正計算

相続税評価額による純資産価額 （第 5 表の⑤の金額）	課税時期現在の株式等の価額の合計額 （第 5 表のⓍⓐの金額）	差　引 （①－②）
①　　　　　　　千円	②　　　　　　　千円	③　　　　　　　千円

帳簿価額による純資産価額 （第 5 表の⑥の金額）	株式等の帳簿価額の合計額 （第 5 表のⓒ＋（ⓔ－ⓓ）の金額）(注)	差　引 （④－⑤）
④　　　　　　　千円	⑤　　　　　　　千円	⑥　　　　　　　千円

評価差額に相当する金額 （③－⑥）	評価差額に対する法人税額等相当額 （⑦×37%）	課税時期現在の修正純資産価額 （相続税評価額）　（③－⑧）
⑦　　　　　　　千円	⑧　　　　　　　千円	⑨　　　　　　　千円

課税時期現在の発行済株式数 （第 5 表の⑩の株式数）	課税時期現在の修正後の 1 株当たりの 純資産価額（相続税評価額）（⑨÷⑩）	(注)　第 5 表のⓒ及びⓓの金額に株式等以外の資産に係る金額が含まれている場合には、その金額を除いて計算します。
⑩　　　　　　　株	⑪　　　　　　　円	

1 株当たりの S₁ の金額の計算の基となる金額

修正後の類似業種比準価額 （第 7 表の㉔、㉕又は㉖の金額）	修正後の 1 株当たりの純資産価額 （相続税評価額）（⑪の金額）	
⑫　　　　　　　円	⑬　　　　　　　円	

1 株当たりの S₁ の金額の計算

区　分	1 株当たりの S₁ の金額の算定方法	1 株当たりの S₁ の金額
比準要素数 1 である会社の S₁ の金額	⑬の金額と次の算式によって計算した金額とのいずれか低い方の金額 ⑫の金額　　　　　　⑬の金額 （　　　　円×0.25）＋（　　　　円×0.75）＝　　　　円	⑭　　　　円
上記以外の会社 ― 大会社の S₁ の金額	⑫の金額と⑬の金額とのいずれか低い方の金額 （⑬の記載がないときは⑫の金額）	⑮　　　　円
上記以外の会社 ― 中会社の S₁ の金額	⑫と⑬とのいずれか低い方の金額　Lの割合　　　⑬の金額　　　　Lの割合 〔　　　円×0.　　〕＋〔　　　円×（1－0.　　）〕	⑯　　　　円
上記以外の会社 ― 小会社の S₁ の金額	⑬の金額と次の算式によって計算した金額とのいずれか低い方の金額 ⑫の金額　　　　　　⑬の金額 （　　　　円×0.50）＋（　　　　円×0.50）＝　　　　円	⑰　　　　円

2. S₂ の金額

課税時期現在の株式等の価額の合計額 （第 5 表のⓐの金額）Ⓐ	株式等の帳簿価額の合計額 （第 5 表のⓒ＋（ⓔ－ⓓ）の金額）(注)Ⓑ	株式等に係る評価差額に相当する金額 （⑱－⑲）	⑳の評価差額に対する法人税額等相当額 （⑳×37%）
⑱　　　　　　　千円	⑲　　　　　　　千円	⑳　　　　　　　千円	㉑　　　　　　　千円

S₂の純資産価額相当額 （⑱－㉑）	課税時期現在の発行済株式数 （第 5 表の⑩の株式数）	S₂ の金額 （㉒÷㉓）	(注)　第 5 表のⓒ及びⓓの金額に株式等以外の資産に係る金額が含まれている場合には、その金額を除いて計算します。
㉒　　　　　　　千円	㉓　　　　　　　株	㉔　　　　　　　円	

3. 株式等保有特定会社の株式の価額

1 株当たりの純資産価額（第 5 表の⑪の金額（第 5 表の⑫の金額があるときはその金額））	S₁の金額とS₂の金額との合計額 （（⑭、⑮、⑯又は⑰）＋㉔）	株式等保有特定会社の株式の価額 （㉕と㉖とのいずれか低い方の金額）
㉕　　　　　　　円	㉖　　　　　　　円	㉗　　　　　　　円

Ⓐ　「課税時期現在の株式等の価額の合計額」欄の⑱欄の金額は、課税時期における株式等の相続税評価額を記載しますが、第 5 表の記載方法等の取引相場のない株式等に留意するほか、同表の記載方法等の株式等保有特定会社の判定時期と純資産価額の計算時期が直前期末における決算

に基づいて行われている場合には、S_2 の計算時期も同一とすることに留意してください。

B 「株式等に係る評価差額に相当する金額」欄の⑳欄の金額は、株式等の相続税評価額と帳簿価額の差額に相当する金額を記載しますが、その金額が負数のときは、0 と記載することに留意してください。

3 株主の判定

(1) 株主の判定と評価方式

取引相場のない株式のうち一般の評価会社の株式の評価は、原則的評価方式と特例的評価方式のいずれかによります。すなわち、株式を取得した者の評価会社の事業経営への影響を勘案した評価方式を採用することになります。

一方、事業への影響が少ない少数株主にあっては、その株式を所有するのは単に配当を期待する程度のものであるといった実質を踏まえ、評価手続きの簡便性も考慮の上、特例的評価方式による評価を行います。

なお、遺産が未分割の場合には、各相続人ごとに、所有する株式数にその未分割の株式数の全部を加算した数に応じた議決権数とすることになります。

また、評価会社が自己株式を有する場合には、その自己株式に係る議決権はないものとして評価会社の議決権総数を算定して、議決権割合の計算をすることになります。

(2) 株主の判定のための用語の整理

① 同族株主

取引相場のない株式の評価上、同族株主とは、課税時期における評価会社の株主のうち、株主の1人及びその同族関係者の有する議決権割合の合計数が、その会社の議決権総数の30％以上である場合におけるその株主及びその同族関係者をいいます。

ただし、その評価会社の株主のうち、株主の1人及びその同族関係者の有する議決権の合計数が最も多いグループの有する議決権の合計数が50％超である会社にあっては、その50％超である株主及び同族関係者を同族株主といいます。

なお、「株主の1人」とは納税義務者に限らないため、同族株主の判定は納税義務者を中心に行うということではないことに注意が必要です。

②　同族関係者

　同族関係者とは、法人税法施行令第 4 条（同族関係者の範囲）に規定する個人及び法人をいいます。

【参考】同族関係者の範囲

1　個人たる同族関係者（法令 4 ①）

 (1)　株主等の親族（配偶者、6 親等内の血族及び 3 親等内の姻族）

 (2)　株主等と事実上婚姻関係と同様の事情にある者

 (3)　個人である株主等の使用人

 (4)　上記に掲げる者以外の者で個人である株主等から受ける金銭等によって生計を維持しているもの

 (5)　(2)〜(4)に掲げる者と生計を一にするこれらの者の親族

2　法人たる同族関係者（法令 4 ②〜④）

 (1)　株主等の 1 人が他の会社を支配している場合(※)におけるその他の会社（ただし、同族関係会社であるかどうかの判定の基準となる株主等が個人の場合は、その者及び上記 1 の同族関係者が他の会社を支配している場合におけるその他の会社。以下同じ）

 (2)　株主等の 1 人及びこれと特殊の関係のある(1)の会社が他の会社を支配している場合におけるその他の会社

 (3)　株主等の 1 人並びにこれと特殊の関係のある(1)及び(2)の会社が他の会社を支配している場合におけるその他の会社

 (4)　上記(1)から(3)の場合に、同一の個人又は法人の同族関係者である 2 以上の会社が、判定しようとする会社の株主等である場合には、その同族関係者である 2 以上の会社は、相互に同族関係者であるものとみなされます。

 （※）他の会社を支配している場合とは、次のいずれかに該当する場合をいいます。

 　イ　他の会社の発行済み株式又は出資（自己株式を除く）の総数又は総額の 50 ％超の数又は金額の株式又は出資を有する場合

 　ロ　他の会社の一定の議決権につき、その総数（その議決権を行使することができない株主等が有する議決権の数を除きます）の 50 ％超の数を有する場合

 　ハ　他の会社の株主等（合名会社、合資会社又は合同会社の社員（業務執行社員を定めている場合にはその業務執行社員）に限ります）の総数の半数を超える数を占める場合

3　個人又は法人たる同族関係者（法令 4 ⑥）

　個人又は法人との間で、その個人又は法人の意思と同一の内容の議決権を行使することに同意している者がある場合には、その者が有する議決権はその個人又は法人が有する者とみ

なし、かつ、その個人又は法人はその議決権に係る会社の株主等であるものとみなして他の会社を支配しているかどうかを判定します。

③ 親族の範囲

　同族関係者のうち、親族とは、配偶者、6 親等内の血族及び 3 親等内の姻族をいいます。養子と養親及びその血族との間においては、養子縁組の日から血族と同一の親族関係が生じます。

【親族の範囲】

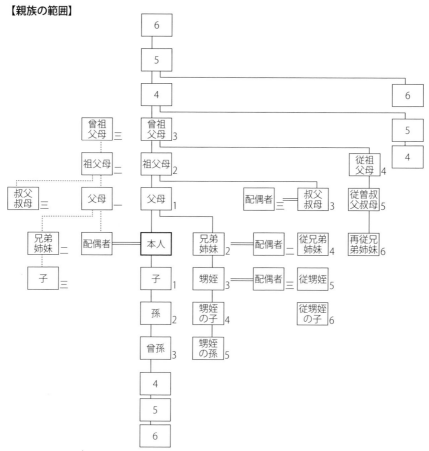

(注)アラビア数字は血族の親等を、漢数字は姻族の親等を示しています。

④ 中心的な同族株主

　中心的な同族株主とは、同族株主のいる会社の株主で、課税時期において同族株主の 1 人並びにその株主の配偶者、直系血族、兄弟姉妹及び 1 親等の姻族(※)の有する議決権の合計数がその会社の議決権総数の 25 ％以上である場合におけるその株主をいいます。

（※）これらの者の同族関係者である会社のうち、これらの者が有する議決権の合計数がその会社の議決権総数の 25 ％以上である会社を含みます。

⑤　中心的な株主

　中心的な株主とは、同族株主のいない会社の株主で、課税時期において株主の 1 人及びその同族関係者の有する議決権の合計数がその会社の議決権総数の 15 ％以上である株主グループのうち、いずれかのグループに単独でその会社の議決権総数の 10 ％以上の議決権を所有している株主がいる場合におけるその株主をいいます。

⑥　役員

　取引相場のない株式の評価上の「役員」とは、社長、理事長のほか、次に掲げる者をいいます。

　なお、一般の取締役（いわゆる平取）は取引相場のない株式の評価上、「役員」の範囲からは除かれていますので注意が必要です。

㈠　代表取締役、代表執行役、代表理事及び清算人（法令 71 ①一）

㈡　副社長、専務、常務その他これらに準ずる職制上の地位を有する役員（同①二）

㈢　取締役（指名委員会等設置会社の取締役及び監査等委員である取締役に限る）、会計参与及び監査役並びに監事（同①四）

（3）　同族株主がいる会社の株式の評価

①　原則的評価方式による場合

同族株主がいる会社の株式を取得した場合で、次の②以外の場合には、原則的評価方式により評価します。

②　特例的評価方式による場合

次のいずれかに該当する場合は特例的評価方式である配当還元方式で評価することになります。

(イ)　同族株主のいる会社の株主のうち、同族株主以外の株主の取得した株式

(ロ)　中心的な同族株主のいる会社の株主のうち、中心的な同族株主以外の同族株主で、その者の取得後の議決権の合計数がその会社の議決権総数の5％未満であり、かつ、課税時期において評価会社の役員でない者及び課税時期の翌日から法定申告期限までの間に役員とならない者の取得した株式

【同族株主がいる会社の株式の評価】

株主の態様				評価方式
同族株主である	株式取得後の議決権割合が5％以上である者			原則的評価方式
	株式取得後の議決権割合が5％未満である者	中心的な同族株主がいない		
		中心的な同族株主がいる	中心的な同族株主である	
			中心的な同族株主以外の同族株主	その会社の役員又は法定申告期限までの間に役員となる者
				その他の株主
同族株主以外の株主である				特例的評価方式

(4)　同族株主がいない会社の株式の評価

①　原則的評価方式による場合

　同族株主がいない会社の株式を取得した場合で、次の②以外の場合には、原則的評価方式により評価します。

②　特例的評価方式による場合

　同族株主がいない会社の株主が取得した株式については、次のいずれかに該当する場合は、特例的評価方式である配当還元方式により評価することとなります。

(イ)　同族株主のいない会社の株主のうち、課税時期において株主の 1 人及びその同族関係者の有する議決権の合計数が、その会社の議決権総数の 15 ％未満である場合におけるその株主の取得した株式

(ロ)　同族株主のいない会社の株主のうち、中心的な株主が存在し、かつ、課税時期において株主の 1 人及びその同族関係者の有する議決権の合計数がその会社の議決権総数の 15 ％以上である場合におけるその株主で、その者の取得後の議決権の数がその会社の議決権総数の 5 ％未満であり、課税時期において評価会社の役員でない者及び課税時期の翌日から法定申告期限までの間に役員とならない者の取得した株式

【同族株主がいない会社の株式の評価】

株主の態様			評価方式
議決権割合の合計が 15% 以上の株主グループに属する株主	株式取得後の議決権割合が 5% 以上である者		原則的評価方式
	株式取得後の議決権割合が 5% 未満である者	中心的な株主がいない	
		中心的な株主がいる ／ その会社の役員又は法定申告期限までの間に役員となる者	
		中心的な株主がいる ／ その他の株主	特例的評価方式
議決権割合の合計が 15% 未満の株主グループに属する株主			

【参考】株主の態様別による評価方式判定のためのフローチャート

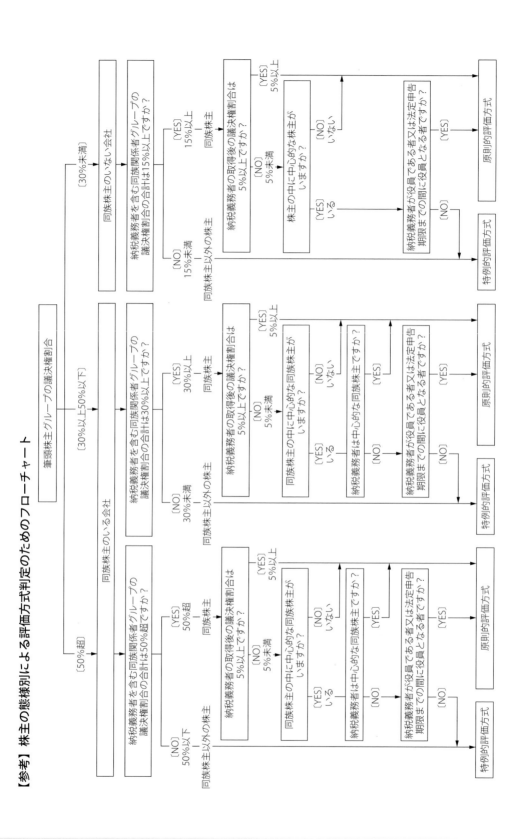

ケーススタディ　株主の判定①／50 ％超を所有する同族株主がいる場合

【設例】

A 社の株主構成は次のとおりです。

【A 社の株主構成】

株主	続柄	所有議決権	議決権割合
甲	本人	400 個	40 ％
乙	甲の妻	200 個	20 ％
丙	甲の長男	100 個	10 ％
丁	甲の友人	200 個	20 ％
戊	丁の妻	100 個	10 ％
計		1,000 個	100 ％

この場合に、次の(1)及び(2)の場合のそれぞれにおいて、その相続人が取得する株式の評価方法はどのようになりますか。議決権は普通株式 1 株につき 1 個です。

(1)　株主甲に相続があった場合（相続による取得者は株主丙）

(2)　株主丁に相続があった場合（相続による取得者は株主戊）

【解説】

(1) 株主甲に相続があった場合

株主丙（議決権割合 10 ％）は、相続により株主甲の持ち株（議決権割合 40 ％）を相続し、同族関係者である株主乙の議決権割合（20 ％）との合計で、議決権割合が 70 ％となることから 50 ％超の同族株主に該当し、株主丙の相続後の議決権割合が 5 ％を超えますので、原則的評価方式により評価します。

評価明細書第 1 表の 1 の記載例は次のとおりです。

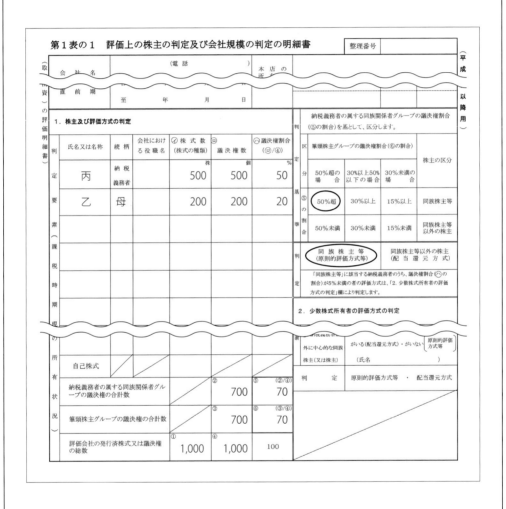

(2)　株主丁に相続があった場合

　株主甲の同族株主グループで 50 ％超を保有しており、株主丁及び戊は 50 ％超の同族株主がいる会社の同族株主以外の株主となるため、特例的評価方式により評価します。

　評価明細書第 1 表の 1 の記載例は次のとおりです。

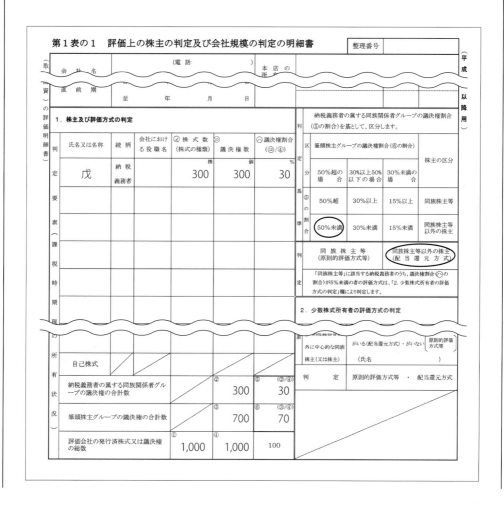

ケーススタディ　株主の判定②／30％超50％未満の同族株主がいる場合

【設例】

B社の株主構成は次のとおりです。

【B社の株主構成】

株主	続柄	所有議決権	議決権割合
甲	本人	270個	27％
乙	甲の妻	150個	15％
丙	甲の長男	80個	8％
丁	甲の友人	200個	20％
戊	丁の妻	100個	10％
己	丁の友人	110個	11％
庚	丁の子	50個	5％
辛	従業員	40個	4％
計		1,000個	100％

この場合に、次の(1)、(2)及び(3)の場合のそれぞれにおいて、その相続人又は受贈者が取得する株式の評価方法はどのようになりますか。議決権は普通株式1株につき1個です。

(1)　株主甲に相続があった場合（相続による取得者は株主丙）

(2)　株主丁に相続があった場合（相続による取得者は株主戊）

(3)　株主己が株主庚へ所有株式の全てを贈与した場合

【解説】

⑴　株主甲に相続があった場合（相続による取得者は株主丙）

　株主丙とその同族関係者（株主甲及び株主乙）の課税時期における議決権割合の合計は50％となり、30％以上50％以下の株主グループに該当するため、同族株主に該当し、株主丙の取得後の議決権割合は5％以上となりますから、原則的評価方式により評価します。

　評価明細書第1表の1の記載例は次のとおりです。

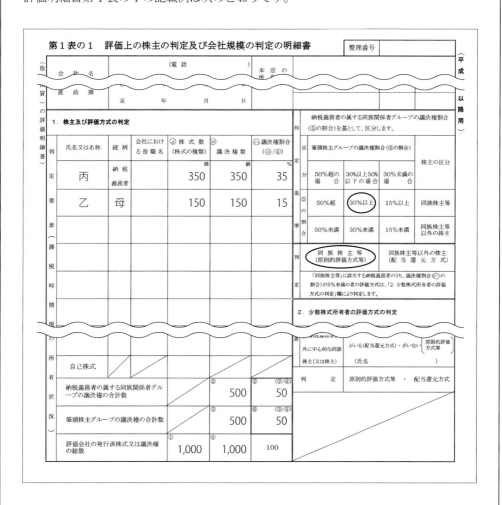

(2) 株主丁に相続があった場合（相続による取得者は株主戊）

　株主戊の相続後の議決権割合の合計は30％となり、30％以上50％以下の株主グループであるため、同族株主に該当することから、原則的評価方式により評価します。

　評価明細書第1表の1の記載例は次のとおりです。

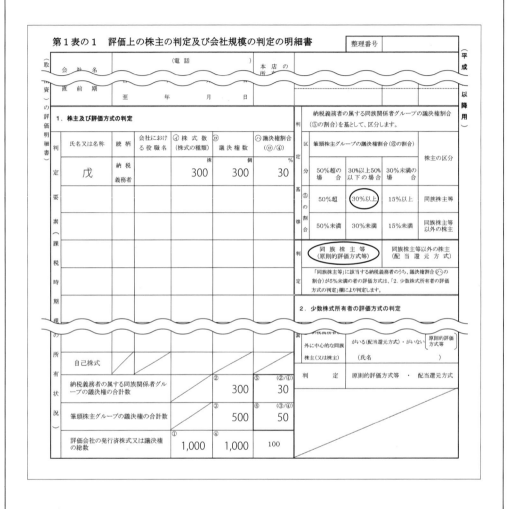

⑶ 株主己が株主庚へ所有株式の全てを贈与した場合

　株主庚の贈与による取得後の議決権割合は 16 ％になりますが、株主甲グループ及び株主丁グループがそれぞれ 30 ％以上 50 ％以下であり、株主庚は同族株主がいる会社の同族株主以外の株主（30 ％未満）となることから、特例的評価方式で評価します。

　評価明細書第 1 表の 1 の記載例は次のとおりです。

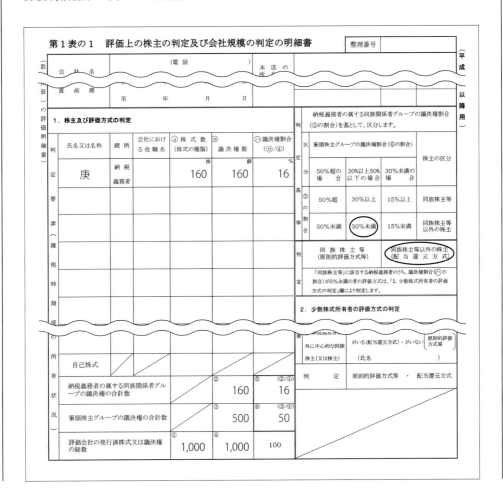

【設例】

C 社の株主構成は次のとおりです。

【C 社の株主構成】

株主	続柄	所有議決権	議決権割合
甲	本人	200 個	20 %
乙	甲の子	80 個	8 %
丙	甲の友人	200 個	20 %
丁	丙の子	50 個	5 %
戊	丙の子	30 個	3 %
己	甲の友人	100 個	10 %
庚	己の子	40 個	4 %
辛	従業員 1	100 個	10 %
壬	従業員 2	100 個	10 %
癸	従業員 3	100 個	10 %
計		1,000 個	100 %

この場合、次の(1)及び(2)の場合のそれぞれにおいて、その相続人が取得する株式の評価方法はどのようになりますか。議決権は普通株式 1 株につき 1 個です。

(1)　株主甲に相続があった場合（株式の取得者は株主乙）

(2)　株主己に相続があった場合（株式の取得者は株主庚）

【解説】

　C社の筆頭株主グループに議決権割合が30％以上のグループはありませんので、同族株主のいない会社として判定をします。

⑴　株主甲に相続があった場合（株式の取得者は株主乙）

　株主乙の属するグループの課税時期における議決権割合は28％であり、株主乙グループは議決権割合が15％以上となり、また、相続後の議決権割合が5％以上であることから、原則的評価方式により評価します。

　評価明細書第1表の1の記載例は次のとおりです。

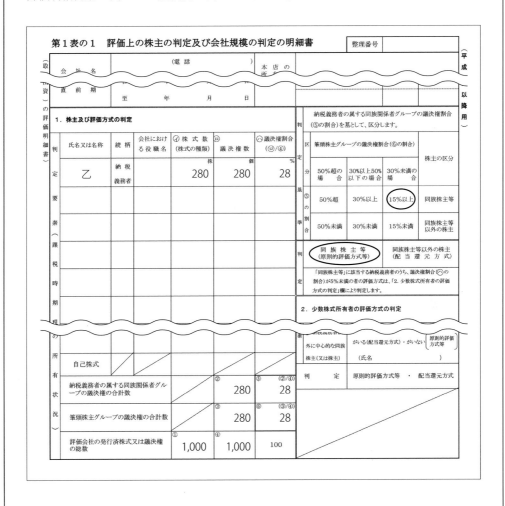

⑵　株主己に相続があった場合（株式の取得者は株主庚）

　株主庚の相続後の議決権の割合は 15 ％未満（14 ％）であることから、特例的評価方式により評価することになります。

　評価明細書第 1 表の 1 の記載例は次のとおりです。

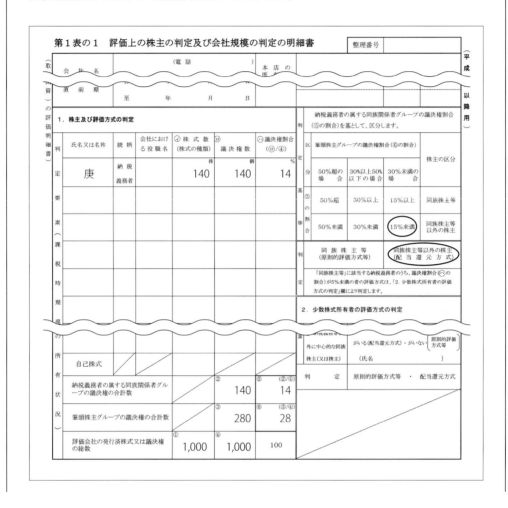

ケーススタディ　株主の判定④／同族株主がいない場合（2）

【設例】

　D 社は同族株主のいない会社です。被相続人甲及びその親族の D 社株式の保有状況は次のとおりです。なお、法定申告期限までに新たに D 社の役員に就任した者はおりません。

【被相続人甲とその親族の D 社株式の保有状況】

株主	続柄	議決権割合
甲	被相続人	2.5 %
乙	甲の配偶者	1 %
丙	甲の子	0.5 %
丁	甲の子（D 社の役員）	0.5 %
戊	甲の 5 親等	15 %

　この場合、甲の所有株式を、⑴配偶者乙が相続する場合、⑵子丙が相続する場合、⑶子丁が相続する場合のそれぞれで、株式の評価方法はどのようになりますか。

【解説】

　⑴　配偶者乙が相続する場合

　配偶者乙の相続後の議決権割合は 3.5 % ですが、乙から見て戊は配偶者、親族（6 親等内の血族及び 3 親等内の姻族）に該当しないことから、株主の 1 人及びその同族関係者の有する議決権の合計数は 15 % 未満となり、同族株主以外の株主等が取得した株式として、「配当還元方式」により評価することとなります。

　⑵　子丙が相続する場合

　子丙が相続する場合、戊は丙の 6 親等内の血族に当たり、丙が属するグループの相続後の議決権割合は 15 % 以上となります。ただし、中心的な株主は戊であり、丙の相続後の議決権割合は 5 % 未満のため、また、丙は D 社の役員でなく、法定申告期限まで役員に就任もしていないことから、「配当還元方式」により評価することとなります。

　⑶　子丁が相続する場合

　子丁が相続する場合、戊は丁の 6 親等内の血族に当たるので、丁が属するグループの相続後の議決権割合は 15 % 以上となります。また、中心的な株主は戊であり、丁の相続後の議決権割合は 5 % 未満ですが、丁は D 社の役員であることから、「原則的評価方式」により評価することとなります。

ケーススタディ　株主の判定⑤／申告期限までに未分割の株式等がある場合

【設例】

　甲の相続にあたり、甲の所有株式であるE社株式60株については、相続税の申告期限までに分割されず、未分割の状態での申告となりそうです。

　E社株式の評価において、各相続人に適用されるべき評価方式を判定する場合には、各相続人が法定相続分により取得したものとして判定すればよろしいでしょうか。また、評価明細書（第1表の1）にはどのように記載すればいいでしょうか。

　E社の株主構成は次のとおりです。議決権は普通株式1株につき1個です。

【E社の株主構成】

株主	続柄	所有議決権	議決権割合
甲	本人	50個	50％
乙	甲の妻	5個	5％
丙	甲の長女	0個	0％
丁	甲の長男（E社の役員）	10個	10％
その他	他の株主グループ	35個	35％
計		100個	100％

【解説】

　遺産未分割の状態は、遺産の分割により具体的に相続財産を取得するまでの暫定的、過渡的な状態であり、将来、各相続人等がその法定相続分等に応じて確定的に取得するとは限りません。そのため、それぞれの納税義務者がその株式の全部を取得するものとして自身の従前からの所有株式に加算して、同族株主の判定を行う必要があります。

　評価明細書第 1 表の 1 の記載方法は次のとおりです。

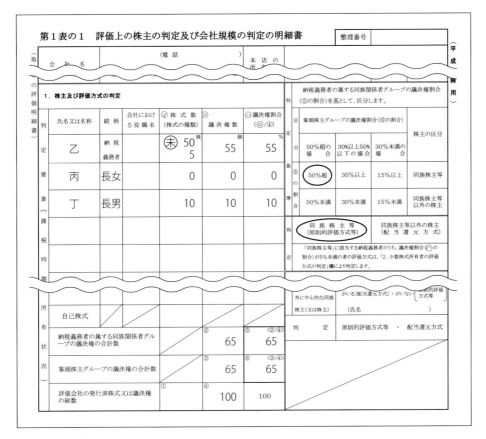

① 「第 1 表の 1 評価上の株主の判定及び会社規模の判定の明細書」の（1. 株主及び評価方式の判定）の「④株式数（株式の種類）」欄には、納税義務者が有する株式（未分割の株式を除く）の株式数の上部に、未分割の株式の株式数を㋜と表示の上、外書で記載します。

②納税義務者が有する株式の株式数に未分割の株式の株式数を加算した数に応じた議決権数を「回議決権数」欄に記載します。

③「納税義務者の属する同族関係者グループの議決権の合計数（⑤（②／④））」欄には、納税義務者の属する同族関係者グループが有する実際の議決権数（未分割の株式に応じた議決権数を含む）を記載します。

ケーススタディ　株主の判定⑥／評価会社の株主に議決権を有しないこととされる会社がある場合

【設例】

　F社の株主構成は次のとおりです。甲の相続にあたり、甲の所有株式であるF社株式60株については、相続税の申告期限までに長男丙が相続することになりました。

　F社株式の評価において、長男丙に適用されるべき評価方式を判定並びに評価明細書（第1表の1）はどのようになりますか。なお、F社はG社の株式を50％所有しています。議決権は普通株式1株につき1個です。

【F社の株主構成】

株主	続柄	所有株式数
甲	本人	30株
乙	甲の妻	5株
丙	甲の長男（F社の役員）	5株
G社	F社が50％所有	10株
その他	丁株主グループ	25株
その他	戊株主グループ	25株
計		100株

【解説】

　会社法第 308 条第 1 項では、株式会社がその総株主の議決権の 4 分の 1 以上を有することその他の事由を通じて株式会社がその経営を実質的に支配することが可能な関係にあるものとして一定の株主は、議決権を有しないこととされます。

　したがって、G 社が所有する F 社株式は議決権を有しないこととされ、F 社の株主構成に基づく議決権割合は次のとおりとなります。

【F 社株主の議決権割合】

※各議決権割合は、1 ％未満の端数を切り捨てています。

株主	続柄	所有議決権	議決権割合
甲	本人	30 個	33 ％
乙	甲の妻	5 個	5 ％
丙	甲の長男（F 社の役員）	5 個	5 ％
G 社	F 社が 50 ％所有	-	-
その他	丁株主グループ	25 個	27 ％
その他	戊株主グループ	25 個	27 ％
計		90 個	≒100 ％

　議決権割合に基づく判定の結果、長男丙（従前の議決権割合 5 ％）は、相続により取得する甲の議決権割合 33 ％と、同族株主である乙（5 ％）との合計で議決権割合が 43 ％となり、筆頭株主グループの議決権割合が 30 ％超 50 ％以下の区分の同族株主に該当し、相続後の長男丙の議決権割合は 5 ％以上となりますので、原則的評価方式により評価します。

　評価明細書第 1 表の 1 の記載例は次のとおりです。

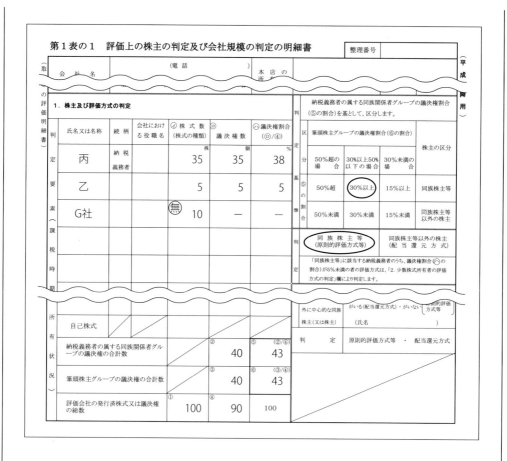

① 「第1表の1 評価上の株主の判定及び会社規模の判定の明細書」の「1．株主及び評価方式の判定」の「氏名又は名称」欄に、会社法308条1項により議決権を有しないこととされる会社の会社名を記載します。本設例では「G社」と記載します。

② 「㋑株式数（株式の種類)」欄には、議決権を有しないこととされる会社が有する株式数を㊷と表示の上、記載します。本設例では、欄の左上に㊷と記載し、G社の所有株式数を「10株」と記載します。

③ 「㋺議決権数」欄には、G社の所有するF社株式には、会社法308条1項の規定により議決権がないこととされるため、「－」を記載します。

④ 「納税義務者の属する同族関係者グループの議決権の合計数（⑤（②／④))」欄には、納税義務者の属する同族関係者グループが有する実際の議決権数を記載します。本設例では、「43」（丙38＋乙5）となります。

4　評価上の会社規模の判定

（1）　評価会社の会社規模の判定方法

　同族株主が取得した取引相場のない株式は、その評価する会社の規模に応じて評価することになります。

　会社の規模は、従業員数や総資産価額、取引金額に応じて次のとおり「大会社」・「中会社」・「小会社」に区分します。

【取引相場のない株式の評価上の区分】

規模区分	区分の内容		総資産価額（帳簿価額によって計算した金額）及び従業員数	直前期末以前 1 年間における取引金額
大会社	従業員数が 70 人以上の会社			
	右のいずれかに該当する会社	卸売業	20 億円以上（従業員数が 35 人以下の会社を除く）	30 億円以上
		小売・サービス業	15 億円以上（従業員数が 35 人以下の会社を除く）	20 億円以上
		卸売業、小売・サービス業以外	15 億円以上（従業員数が 35 人以下の会社を除く）	15 億円以上
中会社	従業員数が 70 人未満の会社で右のいずれかに該当する会社（大会社に該当する場合を除く）	卸売業	7,000 万円以上（従業員数が 5 人以下の会社を除く）	2 億円以上30 億円未満
		小売・サービス業	4,000 万円以上（従業員数が 5 人以下の会社を除く）	6,000 万円以上20 億円未満
		卸売業、小売・サービス業以外	5,000 万円以上（従業員数が 5 人以下の会社を除く）	8,000 万円以上15 億円未満
小会社	従業員数が 70 人未満の会社で右のいずれにも該当する会社	卸売業	7,000 万円未満又は従業員数が 5 人以下	2 億円未満
		小売・サービス業	4,000 万円未満又は従業員数が 5 人以下	6,000 万円未満
		卸売業、小売・サービス業以外	5,000 万円未満又は従業員数が 5 人以下	8,000 万円未満

　まず、従業員数が 70 人以上の会社は、業種に関係なく大会社に区分されます。

　次に、従業員数が 70 人未満の会社は、その業種を、「卸売業」「小売・サービス業」「卸売業、小売・サービス業以外の業種」に分類し、その総資産価額（帳簿価額）又は従業員数と直前期末以前 1 年間における取引金額により比較し、大会社・中会社・小会社のいずれの規模に該当するかを判定します。

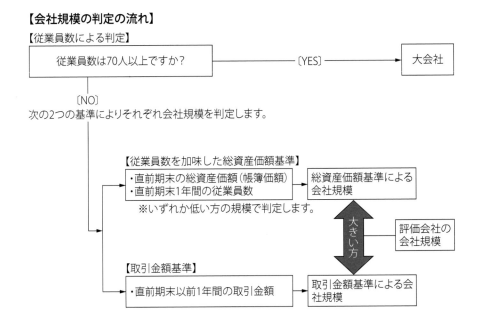

【会社規模の判定の流れ】

（2）　総資産価額（帳簿価額によって計算した金額）

　会社規模の判定に使用する総資産価額は、課税時期の直前に終了した事業年度の末日（以下「直前期末」）における評価会社の各資産の帳簿価額の合計額で、時価評価や税務調整等を考慮しない、いわゆる会計上の簿価によることになります。これは、単に総資産価額に基づいて会社規模を判定する場合においては、税務調整等を考慮せずに、確定決算上の帳簿価額を用いることが合理的であると考えられるためです。

　したがって、会社規模の判定に用いる総資産価額は、課税上弊害がない限り、各資産の確定決算上の帳簿価額の合計額を使用することになりますので、以下の点に留意が必要です。

【総資産価額（帳簿価額）の主な留意点】

科目等	留意点
割引手形	評価会社が割引手形勘定を設けている場合であっても、「総資産価額（帳簿価額）」は、確定決算上の帳簿価額によりますので、これを控除することはしません。直接法により受取手形勘定から控除されている場合には、控除前の金額を受取手形の帳簿価額とします。裏書手形の場合も同様です。
減価償却累計額	固定資産の減価償却累計額が間接法により表示されている場合（減価償却累計額が貸借対照表の貸方に表示されている場合）には、各資産の帳簿価額から減価償却累計額を控除します。
貸倒引当金	売掛金、受取手形、貸付金等に対して設定された貸倒引当金は、帳簿価額の合計額から控除しません。
前払費用、繰延資産、繰延税金資産など	確定決算上の資産として計上されているこれらの資産については、帳簿価額の合計額に含めます。
圧縮引当金等	収用や特定資産の買換え等の場合において、圧縮引当金勘定に繰り入れた金額、圧縮積立金として積み立てた金額並びに翌事業年度以降に代替資産等を取得する予定であることから特別勘定に繰り入れた金額は、帳簿価額の合計額から控除しません。
直前事業年度に合併等がある場合	評価会社が直前事業年度により合併している場合には、評価会社の直前期末における総資産価額（帳簿価額）は、評価会社と被合併法人の確定決算上の総資産価額を合算することになります。

(3)　従業員数

①　従業員の範囲と従業員数の計算

　従業員数基準に使用する場合にカウントする従業員の範囲は、勤務形態に関わらず、評価会社に使用され、賃金の支払いを受ける者となります。ただし、次に掲げる役員は従業員には含まれません。

〈従業員に含まれない役員〉

・社長、理事長

・代表取締役、代表執行役、代表理事及び清算人（法令71①一）

・副社長、専務、常務その他これらに準ずる職制上の地位を有する役員（同①二）

・取締役（指名委員会等設置会社の取締役及び監査等委員である取締役に限る）、会計参与及び監査役並びに監事（同①四）

　従業員数は、継続勤務従業員(※1)の数に、継続勤務従業員以外の従業員のその1年間における労働時間数を従業員1人当たり年間平均労働時間(※2)で除して求めた数を加算した数とします。

　（※1）直前期末以前1年間においてその期間継続して評価会社に勤務していた従業員（就業規則等で定

められた1週間あたりの労働時間が30時間未満である従業員を除く）をいいます。

（※2）この場合における従業員1人当たりの年間平均労働時間は1,800時間とされています。

【従業員数の判定】

勤務形態		従業員数のカウント方法
直前期末以前1年間継続勤務していた従業員	継続勤務従業員	従業員それぞれを従業員数1としてカウント
	継続勤務従業員以外（アルバイト、パートタイマー等）	これらの従業員の1年間の労働時間の合計時間数を1,800時間で除した数を従業員数としてカウント
直前期末以前1年間継続勤務していない従業員	日雇労働者、中途退職者等	

【従業員数の計算】

$$継続勤務従業員 \; + \; \frac{継続勤務従業員以外の従業員の直前期末以前1年間における労働時間数}{従業員1人当たりの年間平均労働時間（1,800時間）}$$

上記により計算した結果が、例えば5.1人の場合には、従業員数は5人超となり、4.9人の場合には、従業員数は5人以下となります。

なお、出向中の者で、出向元との雇用関係が解消され、出向先で雇用されている者は、出向先の従業員としてカウントすることになります。

② 派遣元事業所と派遣労働者

人材派遣会社より派遣されている派遣労働者は、派遣元事業所や派遣先事業所での雇用関係に応じて判断することになります。

いわゆる労働派遣法に基づく派遣元事業所と派遣労働者の関係は、(イ)派遣される期間に限り派遣元事業所との間で雇用関係が生じ賃金の支払いを受けるケースと、(ロ)派遣労働者が、派遣元事業所との雇用関係に基づく社員であり派遣の有無にかかわらず派遣元事業者から賃金の支払いを受けるケースがあり、(イ)の場合は、「継続勤務従業員以外」となり、(ロ)の場合は「継続勤務従業員」に該当することになります。

【派遣元事業所と派遣労働者との関係における従業員数の判定】

派遣元における派遣労働者の雇用関係等				派遣元事業所における従業員数基準の判定
派遣時以外の雇用関係	賃金の支払い	派遣時の雇用関係	賃金の支払い	
なし	なし	あり	あり	継続勤務従業員以外
あり	あり	あり	あり	継続勤務従業員

出典：国税庁HP（https://www.nta.go.jp/shiraberu/zeiho-kaishaku/shitsugi/hyoka/06/img/02_01.gif）

③　派遣先事業所と派遣労働者

　派遣先事業所においては、財産評価基本通達 178（2）の「評価会社に勤務していた従業員」とは、評価会社において使用される個人(※1)で、評価会社から賃金を支払われる者(※2)をいうことから、本来は従業員数に含める必要はないものと考えられます。

　しかしながら、現在における労働力の確保の多様化の中にあって、派遣労働者の受入れもその一環であると認められ、実質的に派遣先における従業員と認めても差し支えないと考えられること等から、派遣労働者を受け入れている評価会社における従業員数基準の適用については、受け入れた派遣労働者の勤務実態に応じて継続勤務従業員とそれ以外の従業員に区分した上で判定しても差し支えないこととなっています。

　（※1）評価会社内の使用者の指揮命令を受けて労働に従事するという実態をもつ個人をいいます。
　（※2）無償の奉仕作業に従事している者以外の者をいいます。

（4）　直前期末以前 1 年間における取引金額

　その期間における評価会社の目的とする事業に係る収入金額とします。なお、金融業・証券業については、収入利息及び手数料となります。

　事業年度の変更等により直前期の事業年度が 1 年未満であるときでも、課税時期の直前期末 1 年間の実際の収入金額に基づいて取引金額を算定します。ただし、実際の収入金額を明確に算定することが困難な場合には、その期間の収入金額を月数按分して求めることもできます（この参考として、国税庁ホームページに質疑応答事例（事業年度を変更している場合の「直前期末以前 1 年間における取引金額」の計算）が掲載されています）。

（5）　会社規模を判定する場合の業種区分の選定

　評価会社が「卸売業」「小売・サービス業」又は「卸売業、小売・サービス業以外」のいずれの業種に該当するかは、上記(4)の直前期末 1 年間における取引金額に基づいて判定します。また、2 以上の業種に係る取引金額が含まれている場合には、それらの取引金額のうち、最も多い取引金額に係る業種によって判定します。

　評価会社の会社規模を判定する場合の業種区分は、国税庁より法令解釈に関する情報として公表される対比表（『日本標準産業分類の分類項目と類似業種比準価額計算上の業種目との対比表』）で分類される業種目により判定することになり、その業種目の選定にあたっては、総務省による『日本標準産業分類』に基づいて行うことになります。

　したがって、課税時期の属する年分において同通達により公表されている対比表に基づき、評価会社の営む事業の業種目について、日本標準産業分類に基づく類似業種比準価額計算上の業種

目と会社の規模区分を判定することになります。

ケーススタディ　会社規模の判定①／「大会社」に該当する場合

【設例】

　A社の純資産価額（帳簿価額）及び売上高は次のとおりです。この場合の評価明細書第1表の2の記載方法と、会社規模の判定はどうなりますか。

・業種　卸売業

・直前期末以前1年間における従業員数　85人

・直前期末の総資産価額（帳簿価額）　18億円

・直前期末以前1年間の取引金額　12億円

【解説】

　A社の株式の評価額の算出に当たって、評価明細書第1表の2の記載方法は記載例のとおりであり、従業員数が70人を超えていることから、会社規模は、「大会社」に該当します。

【第1表の2記載例】

第1表の2　評価上の株主の判定及び会社規模の判定の明細書（続）　　会社名　A社

3．会社の規模（Lの割合）の判定

項　目	金　額	項　目	人　　数
直前期末の総資産価額 （帳簿価額）	千円 1,800,000	直前期末以前1年間における従業員数	85　人
直前期末以前1年間の取引金額	千円 1,200,000		〔従業員数の内訳〕 〔継続勤務従業員数〕　〔継続勤務従業員以外の従業員の労働時間の合計時間数〕 （85人）＋ （　　　　時間）／1,800時間

判定要素

⑤　直前期末以前1年間における従業員数に応ずる区分　　70人以上の会社は、大会社（㋺及び㋩は不要）
70人未満の会社は、㋺及び㋩により判定

㋺　直前期末の総資産価額（帳簿価額）及び直前期末以前1年間における従業員数に応ずる区分				㋩　直前期末以前1年間の取引金額に応ずる区分			会社規模とLの割合（中会社）の区分	
総 資 産 価 額 （ 帳 簿 価 額 ）			従業員数	取 引 金 額				
卸 売 業	小売・サービス業	卸売業、小売・サービス業以外		卸 売 業	小売・サービス業	卸売業、小売・サービス業以外		
20億円以上	15億円以上	15億円以上	35人超	30億円以上	20億円以上	15億円以上	大 会 社	
4億円以上 20億円未満	5億円以上 15億円未満	5億円以上 15億円未満	35人超	7億円以上 30億円未満	5億円以上 20億円未満	4億円以上 15億円未満	0.90	中
2億円以上 4億円未満	2億5,000万円以上 5億円未満	2億5,000万円以上 5億円未満	20人超 35人以下	3億5,000万円以上 7億円未満	2億5,000万円以上 5億円未満	2億円以上 4億円未満	0.75	会
7,000万円以上 2億円未満	4,000万円以上 2億5,000万円未満	5,000万円以上 2億5,000万円未満	5人超 20人以下	2億円以上 3億5,000万円未満	6,000万円以上 2億5,000万円未満	8,000万円以上 2億円未満	0.60	社
7,000万円未満	4,000万円未満	5,000万円未満	5人以下	2億円未満	6,000万円未満	8,000万円未満	小 会 社	

判定基準

・「会社規模とLの割合（中会社）の区分」欄は、㋺欄の区分（「総資産価額（帳簿価額）」と「従業員数」とのいずれか下位の区分）と㋩欄（取引金額）の区分とのいずれか上位の区分により判定します。

判定	大 会 社	中 会 社			小 会 社	
		L の 割 合				
		0.90	0.75	0.60		

4．増（減）資の状況その他評価上の参考事項

ケーススタディ　会社規模の判定②／「中会社」に該当する場合

【設例】

　B社の純資産価額（帳簿価額）及び売上高は次のとおりです。この場合の評価明細書第1表の2の記載方法と、会社規模の判定はどうなりますか。

- ・業種　不動産貸付業（卸売業、小売業、サービス業以外）
- ・直前期末以前1年間における従業員数　5人
- ・直前期末の総資産価額（帳簿価額）　15億円
- ・直前期末以前1年間の取引金額　7億円

【解説】

　B社の株式の評価額の算出に当たって、評価明細書第1表の2の記載方法は記載例のとおりです。

　B社の会社規模の判定手順は次のとおりです。

　　①　直前期末の総資産の帳簿価額が15億円に応じる会社規模：「大会社」

　　②　従業員数5人に応じる会社規模の判定：「小会社」

　　③　①と②のいずれか下位の会社規模：「小会社」

　　④　直前期末以前1年間の取引金額7億円に応じる会社規模：「中会社」

　　⑤　③と④のいずれか上位の会社規模：「中会社」

　したがって、B社の会社規模は「中会社」であり、併用方式によるLの割合は「0.9」となります。

【第１表の２記載例】

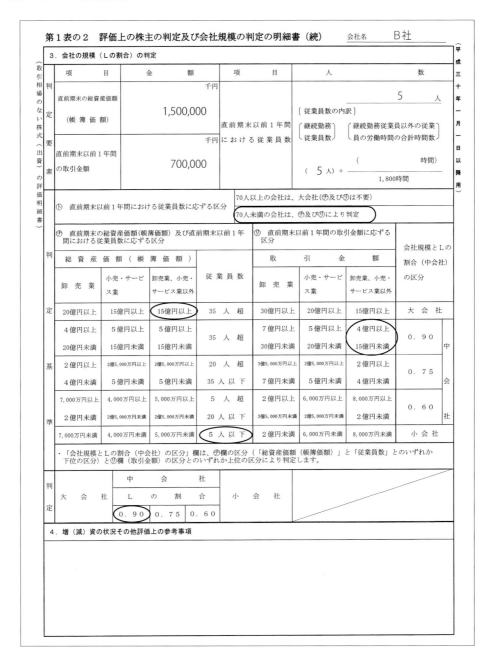

ケーススタディ　会社規模の判定③／「小会社」に該当する場合

【設例】

　C社の純資産価額（帳簿価額）及び売上高は次のとおりです。この場合の評価明細書第1表の2の記載方法と、会社規模の判定はどうなりますか。

- ・業種　不動産管理業（卸売業、小売業、サービス業以外）
- ・直前期末以前1年間における従業員数　3人
- ・直前期末の総資産価額（帳簿価額）　2,000万円
- ・直前期末以前1年間の取引金額　1,200万円

【解説】

　C社の株式の評価額の算出に当たって、評価明細書第1表の2の記載方法は記載例のとおりです。

　C社の会社規模の判定手順は次のとおりです。

- ①　直前期末の総資産の帳簿価額が2,000万円に応じる会社規模：「小会社」
- ②　従業員数3人に応じる会社規模の判定：「小会社」
- ③　①と②のいずれか下位の会社規模：「小会社」
- ④　直前期末以前1年間の取引金額1,200万円に応じる会社規模：「小会社」
- ⑤　③と④のいずれか上位の会社規模：「小会社」

　したがって、C社の会社規模は「小会社」となります。なお、評価会社の会社規模が「小会社」に該当する場合には、納税者の選択により、Lの割合を「0.5」とする併用方式による評価も認められます。

【第 1 表の 2 記載例】

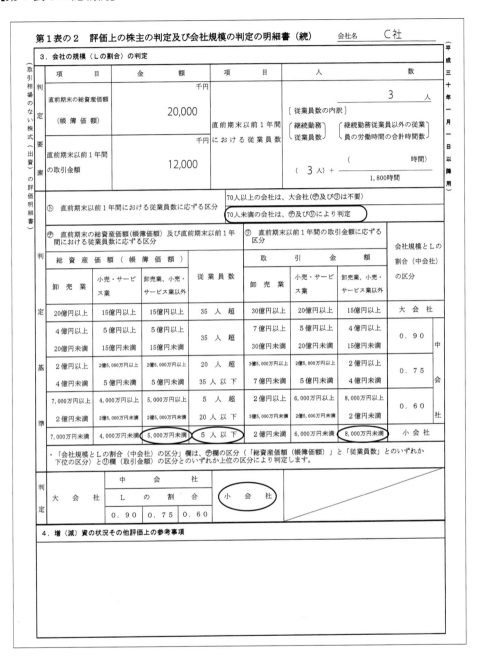

第 1 表の 2　評価上の株主の判定及び会社規模の判定の明細書（続）　会社名　C 社

5　原則的評価方式

（1）類似業種比準方式と純資産価額方式

　一般の評価会社の株式は、評価会社の規模に応じて次の類似業種比準方式又は純資産価額方式、あるいは、これらを併用した併用方式により評価することになります。

【一般の評価会社の株式の評価方法】

株式	評価の方法	評価会社の区分	評価方式
一般の評価会社の株式	原則的評価方式	大会社	類似業種比準方式 （選択により純資産価額方式も可）
		中会社	併用方式 （選択により純資産価額方式も可）
		小会社	純資産価額方式 （選択によりLの割合を0.5とした併用方式も可）
	特例的評価方式		配当還元方式 （原則的評価方式により計算した金額を超える場合には、原則的評価方式により評価）

①　類似業種比準方式

　類似業種比準方式は、資産要素（帳簿価額による純資産価額）、利益及び配当の収益要素を事業内容が類似する業種目に属する上場株式のそれらの平均と比較の上、上場株価に比準して株式の価値を評価する方式です。

　会社規模が「大会社」に該当する評価会社の場合には、その規模は、上場株式や気配相場等のある株式に匹敵するような規模の会社であることから、原則として上場株式等の取引価格に準じた価額により評価されることとなります。

　また、評価会社が「中会社」に該当する場合若しくは「小会社」に該当する場合で納税者が選択した場合には、類似業種比準方式と純資産価額方式を併用した評価額を算出することができます。

　ただし、純資産価額、配当金額及び利益金額の三要素に比準させるとしても、これらの要素以外に計数化ができない要素もあり、中小企業の多くがその情報力や技術革新、人材確保、資金調達等の点で上場企業よりは劣ることなどの格差を反映させ、評価の安定性を考慮するために、一定の斟酌率が乗じられます。

　類似業種比準方式の計算式を示すと、次のとおりです。

【類似業種比準方式の算式】

$$A \times \dfrac{\dfrac{Ⓑ}{B} + \dfrac{Ⓒ}{C} + \dfrac{Ⓓ}{D}}{3} \times \text{斟酌率}$$

A　類似業種の株価
B　課税時期の属する年の類似業種の 1 株当たりの配当金額
C　課税時期の属する年の類似業種の 1 株当たりの年利益金額
D　課税時期の属する年の類似業種の 1 株当たりの純資産価額（帳簿価額）
Ⓑ　評価会社の 1 株当たりの配当金額
Ⓒ　評価会社の 1 株当たりの利益金額
Ⓓ　評価会社の 1 株当たりの純資産価額（帳簿価額）
斟酌率　「大会社」…0.7　「中会社」…0.6　「小会社」…0.5

　上記算式中の A、B、C、D、Ⓑ、Ⓒ及びⓄの金額は、1 株当たりの資本金等の額（法人税法第2 条第 16 項に規定する資本金等の額）を 50 円とした場合の金額として計算します。これは、類似業種の株価を基礎として、評価会社の 1 株当たりの配当金額、1 株当たりの年利益金額及び1 株当たりの純資産価額と、類似業種のこれらの金額を比較して評価会社の株価を計算するに当たって、1 株当たりの資本金等の額の多寡による相違をなくすためと考えられています。

　なお、上記算式は、平成 29 年 1 月 1 日以後の相続、遺贈又は贈与により取得した取引相場のない株式等の評価に適用します。課税時期が平成 28 年 12 月 31 日までの場合には適用される計算式が異なりますので、注意が必要です。

②　純資産価額方式

　純資産価額方式とは、課税時期において評価会社が所有する各資産を財産評価基本通達が定める評価方法により評価した相続税評価額の合計額から、課税時期における各負債の金額の合計額及び評価差額に対する法人税額等に相当する金額を控除した金額、課税時期における発行済株式数で除して計算した金額です。

　これを計算式で示すと次のとおりです。

【純資産価額方式の計算式】

$$\dfrac{\substack{\text{総資産価額} \\ \text{（相続税評価額）}} - \text{負債の合計額} - \substack{\text{評価差額に対する} \\ \text{法人税額等相当額}_{（※）}}}{\text{発行済株式数}}$$

（※）

$$\substack{\text{評価差額に対する} \\ \text{法人税額等相当額}} = \left(\substack{\text{相続税評価額による} \\ \text{純資産価額}} - \substack{\text{帳簿価額による} \\ \text{純資産価額}} \right) \times 37\% _{（注）}$$

（注）評価差額に対する法人税等相当額を計算する際に使用する「法人税率等の合計割合」は、税制改正に

よる法人税率の改正に併せて通達改正が行われますので、注意が必要です。平成28年4月1日以後に相続、遺贈又は贈与により取得した取引相場のない株式等の評価については、37％の割合が適用されます。

(2)「大会社」の評価方式

　一般の評価会社の株式のうち、会社規模が「大会社」に該当する株式は、原則として「類似業種比準方式」により評価することとされています。

　ただし、納税者の選択によって、1株当たりの純資産価額（相続税評価額によって計算した金額）によって評価することができます。

(3)「中会社」の評価方式

①　併用方式

　一般の評価会社の株式のうち、会社規模が「中会社」に該当する株式は、「類似業種比準方式」と「純資産価額方式」とを併用した方式である「併用方式」により評価することとされます。ただし、納税者の選択により「純資産価額方式」によることもできます。

　併用方式は、類似業種比準方式と純資産価額方式のそれぞれの方式により評価した価額にそれぞれ一定の割合を加味した合計額により評価額を算出しますが、この場合の割合を「Lの割合」といいます。

　これを具体的な計算式で示すと、次のとおりです。

【併用方式の計算式】
類似業種比準価額×L　＋　1株当たりの純資産価額（相続税評価額）×（1−L）

②　Lの割合

　併用方式の計算式中の「L」は、評価会社の総資産価額（帳簿価額）と従業員数又は直前期末以前1年間における取引金額に応じて、それぞれに定められている割合のうち、いずれか大きい方の割合となります。

【中会社の L の割合の判定】

総資産価額（帳簿価額）			従業員数	直前期末以前 1 年間における取引金額			L の割合
卸売業	小売・サービス業	卸売業、小売・サービス業以外		卸売業	小売・サービス業	卸売業、小売・サービス業以外	
4 億円以上	5 億円以上	5 億円以上	35 人超	7 億円以上 30 億円未満	5 億円以上 20 億円未満	4 億円以上 15 億円未満	0.9
2 億円以上	2.5 億円以上	2.5 億円以上	20 人超 35 人以下	3.5 億円以上 7 億円未満	2.5 億円以上 5 億円未満	2 億円以上 4 億円未満	0.75
7,000 万円以上	4,000 万円以上	5,000 万円以上	5 人超 20 人以下	2 億円以上 3.5 億円未満	6,000 万円以上 2.5 億円未満	8,000 万円以上 2 億円未満	0.6

総資産価額（帳簿価額）と従業員数による判定のいずれか
小さい方の割合

いずれか大きい方の割合

(4)「小会社」の評価方式

　一般の評価会社の株式のうち、会社規模が「小会社」に該当する株式は、原則として「純資産価額方式」により評価することとされています。これは、「小会社」に該当する評価会社は、一般的には、個人企業と大きな違いがないと考えられ、株式等の所有は財産に対する持分の所有と同じように解されているためです。

　しかしながら、事業が小規模であるといっても、「小会社」の収益性を全く考慮しないことは現実的ではないことから、納税者の選択により、L の割合を 0.5 する併用方式により評価することも合理的な評価方法として認められているところです。

6　類似業種比準方式

（1）　類似業種比準方式の基本的な考え方

①　基本的な考え方と計算式

　類似業種比準方式は、評価会社と事業内容が類似する業種目に属する複数の上場会社、すなわち、類似業種の株価の平均値に、評価会社と類似業種の1株当たり配当金額、1株当たりの年利益金額及び1株当たりの純資産価額の割合を乗じて、取引相場のない株式の価額を評価する方式です。

　基本的には、上場会社に匹敵する規模に区分される「大会社」の評価に適していると考えられていますが、「中会社」・「小会社」でも類似業種比準方式を加味した評価を採用することが認められています。

【類似業種比準方式の算式】

$$A \times \frac{\dfrac{ⓑ}{B} + \dfrac{ⓒ}{C} + \dfrac{ⓓ}{D}}{3} \times 斟酌率$$

A　類似業種の株価
B　課税時期の属する年の類似業種の1株当たりの配当金額
C　課税時期の属する年の類似業種の1株当たりの年利益金額
D　課税時期の属する年の類似業種の1株当たりの純資産価額（帳簿価額）
ⓑ　評価会社の1株当たりの配当金額
ⓒ　評価会社の1株当たりの利益金額
ⓓ　評価会社の1株当たりの純資産価額（帳簿価額）
斟酌率　「大会社」…0.7　「中会社」…0.6　「小会社」…0.5

　上記算式中のA、B、C、D、ⓑ、ⓒ及びⓓの金額は、1株当たりの資本金等の額（法人税法第2条第16項に規定する資本金等の額）を50円とした場合の金額として計算します。これは、類似業種の株価を基礎として、評価会社の1株当たりの配当金額、1株当たりの年利益金額及び1株当たりの純資産価額と、類似業種のこれらの金額を比較して評価会社の株価を計算するに当たって、1株当たりの資本金等の額の多寡による相違をなくすためと考えられています。

　なお、上記算式は、平成29年1月1日以後の相続、遺贈又は贈与により取得した取引相場のない株式等の評価に適用します。課税時期が平成28年12月31日までの場合には適用される計算式が異なりますので、注意が必要です。

②　標本会社

　類似業種の株価等の計算の基となる標本会社は、次に掲げる金融商品取引所に株式を上場している全ての会社を対象としています。

金融商品取引所名	取引市場名
東京証券取引所	東京第一部、東京第二部、マザーズ、JASDAQ、TOKYO PRO Market
名古屋証券取引所	名古屋第一部、名古屋第二部、セントレックス
福岡証券取引所	福岡、Q-Board
札幌証券取引所	札幌、アンビシャス

　ただし、次のイ〜ロの会社は、類似業種の株価等を適正に求められない会社として標本会社から除外されています。

イ　その年中に上場廃止することが見込まれている会社

　その年中のその会社の株式の毎日の最終価格の各月ごとの平均額を 12 月まで求められないため除外されています。

ロ　前年中途に上場した会社

　前年平均株価を求められないため、除外されています。

ハ　設立後 2 未満の会社

　1 株当たりの配当金額は、直前期末以前 2 年間における剰余金の年配当金額の平均とされていますが、設立後 2 年未満の会社については、2 年分の配当金額の平均が計算できず、類似業種の1 株当たりの配当金額を求められないことから、除外されています。

ニ　1 株当たりの配当金額、1 株当たりの年利益金額及び 1 株当たりの純資産価額のいずれか 2 以上が零又はマイナスである会社

　類似業種比準方式の計算において、評価会社と比較する 1 株当たりの配当金額、1 株当たりの年利益金額及び 1 株当たりの純資産価額の 3 要素のうち、過半を欠く会社を含めて類似業種の株価等を計算することは不適当と考えられることから除外されています。

ホ　資本金等の額が零又はマイナスである会社

　各標本会社の株価、1 株当たりの配当金額、1 株当たりの年利益金額及び 1 株当たりの純資産価額（以下「株価等」という）は、1 株当たりの資本金等を 50 円とした場合の金額として計算することから、資本金等の額が零又はマイナスの場合はこれらの金額も零又はマイナスとなります。このような零又はマイナスの会社の株価等を含めて類似業種の株価等を計算することは不適当と考えられることから除外されています。

チ　他の標本会社に比べて、業種目の株価等に著しく影響を及ぼしていると認められ
　　る会社

　類似業種の株価等は、業種目ごとに各標本会社の株価等の平均額に基づき算出していることか
ら、特定の標本会社の株価等が、他の標本会社の株価等と比較し、著しく高い株価等となってい
る場合、その特定の標本会社の株価等が、業種目の株価等に著しい影響を及ぼすことになり、そ
の特定の標本会社の個性が業種目の株価等に強く反映されることとなりますので、そのような影
響を排除するため、統計的な処理に基づく株価等が外れ値(※)となる会社は除外されています。

（※）一般的な統計学の手法に基づき、株価等について対数変換したうえで、平均値と標準偏差を求め、平
　　均値から標準偏差の3倍を超える乖離のある株価等を外れ値としているようです。

③　業種目及び標本会社の業種目の分類

　類似業種株価等の通達の業種目は、原則として、日本標準産業分類に基づいて区分されていま
す。また、標本会社の業種目の判定についても、日本標準産業分類に基づいて区分されています。

　日本標準産業分類は、統計調査の結果を産業別に表示する場合の統計基準として、事業所にお
いて行われるサービスの生産又は提供に係る全ての経済活動を分類するもので、統計の正確性と
客観性を保持し、統計の相互比較性と利用の向上を図ることを目的として総務大臣が公示してい
るものです。

　日本標準産業分類は総務省統計局のホームページで閲覧することができます。

④　類似業種の業種目及び業種目別の株価等の公表

　類似業種の業種目は、日本標準産業分類を基に、類似業種比準価額計算上の業種目に区分され
ます。この対比表が国税庁より「（別表）日本標準産業分類の分類項目と類似業種比準価額計算
上の業種目との対比表（令和○○年分）」として公表されます。

　なお、業種目については、日本標準産業分類の見直しに併せて業種目の統合等がされますので、
評価の都度、評価会社の業種目番号等を確認する必要があります。

　また、業種目別の株価等については、定期的に国税庁より「令和○○年分の類似業種比準価額
計算上の業種目及び業種目別株価等について（法令解釈通達）」として公表され、ホームページ
上で確認することができます。

⑤　評価会社の類似業種の判定

　評価会社の類似業種の業種目については、「直前期末以前1年間における取引金額」により判
定することになります。

　評価会社の取引金額のうちに2以上の業種目に係る取引金額が含まれている場合には、取引
金額全体のうちに占める業種目別の取引金額の割合が50％を超える業種目とし、その割合が
50％を超える業種目がない場合には、次に掲げる場合に応じたそれぞれの業種目となります。

イ　評価会社の事業が一つの中分類の業種目中の 2 以上の類似する小分類の業種目に

　　属し、それらの業種目別の割合の合計が 50 ％を超える場合

　　その中分類の中にある類似する小分類の「その他の○○業」

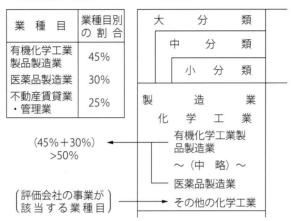

ロ　評価会社の事業が一つの中分類の業種目中の 2 以上の類似しない小分類の業種目に

　　属し、それらの業種目別の割合の合計が 50 ％を超える場合（①に該当する場合を除く）

　　その中分類の業種目

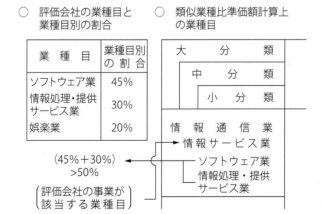

ハ　評価会社の事業が一つの大分類の業種目中の 2 以上の類似する中分類の業種目に

　　属し、それらの業種目別の割合の合計が 50 ％を超える場合

　　その大分類の中にある類似する中分類の「その他の○○業」

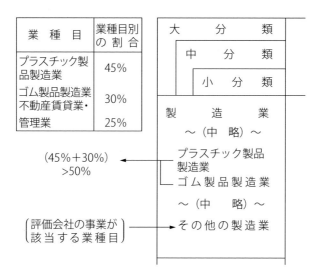

ニ　評価会社の事業が一つの大分類の業種目中の 2 以上の類似しない中分類の業種目
　に属し、それらの業種目別の割合の合計が 50 ％を超える場合（③に該当する場合を
　除く）

　　その大分類の業種目

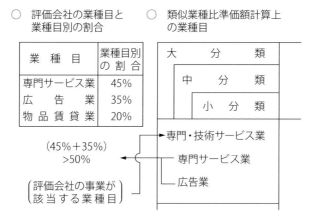

ホ　イからニのいずれにも該当しない場合

　　大分類の業種目の中の「その他の産業」

　　上記の業種目の判定にあたって、小分類又は中分類の業種目中「その他の○○業」が存在する
場合には、原則として、同一の上位業種目に属する業種目はそれぞれ類似する業種目となります。

(2)　類似業種比準方式の計算手順

　　類似業種比準方式による評価額の計算の手順は、大きく分けて資料の収集と評価明細書第 4

表の作成となります。また、評価明細書第 4 表では、1 株（50 円）当たりの年配当金額、1 株（50 円）当たりの年利益金額及び 1 株（50 円）当たりの純資産価額の比準要素をそれぞれ算出し、類似業種比準価額を計算します。

【類似業種比準方式による評価額の計算手順】

STEP 1　資料の収集

STEP 2　各比準要素の計算

　　1 株（50 円）当たりの年配当金額　（Ⓑ）

　　1 株（50 円）当たりの年利益金額　（Ⓒ）

　　1 株（50 円）当たりの純資産価額　（Ⓓ）

評価明細書第 4 表を使用

STEP 3　類似業種比準価額の計算

(3)　STEP1　資料の収集

類似業種比準方式による各比準割合を計算するに当たって、収集すべき主な資料は次のとおりです。

主な確認資料	利用目的
株主資本等変動計算書、法人税申告書別表四	1 株当たりの年配当金額の計算
法人税申告書別表一、別表四、別表六、別表八、別表七、決算書、決算内訳書	1 株当たりの年利益金額の計算
法人税申告書別表五（一）	1 株当たりの純資産価額の計算
法令解釈通達 （類似業種比準価額計算上の業種目及び業種目別株価等）	比準要素の選定

(4)　STEP2　評価会社の各比準要素の計算

類似業種比準価額の計算のために、収集した資料に基づき、「1 株（50 円）当たりの年配当金額」、「1 株（50 円）当たりの年利益金額」及び「1 株（50 円）当たりの純資産価額」の 3 つの比準要素を、資料の数値に基づき計算します。また、評価明細書は第 4 表「類似業種比準価額等の計算明細書」を使用します。なお、課税時期が直後期末に近い場合であっても、必ず直前期末の法人税の申告書の数値を基に類似業種比準価額を計算します。

評価明細書第4表の記載に当たっては、各欄の金額を表示単位未満の端数を切り捨てて記載します。また、「比準割合の計算」欄の要素別比準割合及び比準割合は、それぞれ小数点以下2位未満を切り捨てて記載します。

ただし、「比準価額の修正」欄の「1株当たりの割当株式数」及び「1株当たりの割当株式数又は交付株式数」は、1株未満の株式数を切り捨てずに実際の株式数を記載します。

① 1株（50円）当たりの年配当金額（Ⓑ）

イ 基本的な考え方

評価会社の「1株（50円）当たりの年配当金額（Ⓑ）」は、評価会社の直前期末以前2年間における剰余金の配当金額の合計額の2分の1に相当する金額を、直前期末における発行済株式数で除した金額です。

この場合において、直前期末における発行済株式数は、直前期末における資本金等の額を50円で除して計算した株数をいいます。

ロ 計算にあたっての留意事項

「1株（50円）当たりの年配当金額の計算（Ⓑ）」に当たっては、主として次の点に留意する必要があります。

【1株（50円）当たりの年配当金額（Ⓑ）の計算上の留意事項】

留意事項	内容
記念配当等	評価会社の剰余金の配当金額のうちに、特別配当や記念配当等、将来毎期継続することが予想できないものがある場合には、これを除いて「1株（50円）当たりの配当金額（Ⓑ）」を計算します。
資本金等の額を原資とした配当	会社法上の配当は、利益配当のみならず、資本金や資本準備金を原資とした配当も剰余金の配当に含められますが、「1株（50円）当たりの配当金額（Ⓑ）」の計算に当たっては、これら資本の払い戻しに該当する配当については、剰余金の配当から除くことになります。
みなし配当	みなし配当金額は、会社法上の剰余金の配当金額には該当しない、すなわち、課税を目的とした技術的な計算方法により、会社財産の払い戻しのうち一定金額を株主等への配当とみなすものであり、また、将来毎期継続することが予想できない金額に該当すると考えられることから、「1株（50円）当たりの配当金額（Ⓑ）」の計算上、剰余金の配当金額に含める必要はありません。

ハ　評価明細書記載のポイント

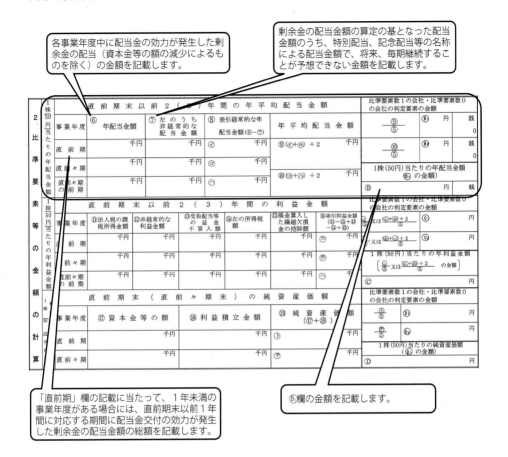

各事業年度中に配当金の効力が発生した剰余金の配当（資本金等の額の減少によるものを除く）の金額を記載します。

剰余金の配当金額の算定の基となった配当金額のうち、特別配当、記念配当等の名称による配当金額で、将来、毎期継続することが予想できない金額を記載します。

「直前期」欄の記載に当たって、1年未満の事業年度がある場合には、直前期末以前1年間に対応する期間に配当金交付の効力が発生した剰余金の配当金額の総額を記載します。

⑤欄の金額を記載します。

ケーススタディ　1株（50円）あたりの年配当金額（Ⓑ）の計算の計算

【設例】

　A社の（発行済株式数1000株）の直前期（令和2年3月期）、直前々期（平成31年3月期）、直前々期の前期（平成30年3月期）における配当金の交付状況は次のとおりです。

　この場合の「1株（50円）当たりの年配当金額（Ⓑ）」の金額はどのように計算するのでしょうか。

株主資本等変動計算書
自　平成31年4月1日　至　令和2年3月31日 (単位：円)

		株主資本					純資産の部
			利益剰余金			株主資本	
	資本金	利益準備金	その他利益剰余金		利益剰余金		
			別途積立金	繰越利益剰余金			
当期首残高	50,000,000	12,500,000	10,000,000	254,279,474	276,779,474	326,779,474	326,779,474
当期変動額	0	0	0	0	0	0	0
剰余金の配当	0	0	0	△7,000,000	△7,000,000	△7,000,000	△7,000,000
当期純利益	0	0	0	16,492,378	16,492,378	16,492,378	16,492,378
当期変動額合計	0	0	0	9,492,378	9,492,378	9,492,378	9,492,378
当期末残高	50,000,000	12,500,000	10,000,000	263,771,852	286,271,852	336,271,852	336,271,852

株主資本等変動計算書
自　平成30年4月1日　至　平成31年3月31日 (単位：円)

		株主資本					純資産の部
			利益剰余金			株主資本	
	資本金	利益準備金	その他利益剰余金		利益剰余金		
			別途積立金	繰越利益剰余金			
当期首残高	50,000,000	12,500,000	10,000,000	245,494,238	267,994,238	317,994,238	317,994,238
当期変動額	0	0	0	0	0	0	0
剰余金の配当	0	0	0	△6,000,000	△6,000,000	△6,000,000	△6,000,000
当期純利益	0	0	0	14,785,236	14,785,236	14,785,236	14,785,236
当期変動額合計	0	0	0	8,785,236	8,785,236	8,785,236	8,785,236
当期末残高	50,000,000	12,500,000	10,000,000	254,279,474	276,779,474	326,779,474	326,779,474

株主資本等変動計算書
自　平成29年4月1日　至　平成30年3月31日 (単位：円)

		株主資本					純資産の部
			利益剰余金			株主資本	
	資本金	利益準備金	その他利益剰余金		利益剰余金		
			別途積立金	繰越利益剰余金			
当期首残高	50,000,000	12,500,000	10,000,000	234,567,890	257,067,890	307,067,890	307,067,890
当期変動額	0	0	0	0	0	0	0
剰余金の配当	0	0	0	△5,000,000	△5,000,000	△5,000,000	△5,000,000
当期純利益	0	0	0	15,926,348	15,926,348	15,926,348	15,926,348
当期変動額合計	0	0	0	10,926,348	10,926,348	10,926,348	10,926,348
当期末残高	50,000,000	12,500,000	10,000,000	245,494,238	267,994,238	317,994,238	317,994,238

【解説】

　評価会社の「1 株（50 円）当たりの年配当金額（Ⓑ）」は、評価会社の直前期末以前 2 年間における剰余金の配当金額の合計額の 2 分の 1 に相当する金額を、1 株当たりの資本金等の額を 50 円とした場合の発行済み株式数で除して計算した金額となります。本設例の場合、1 株当たりの資本金等の額を 50 円とした場合の発行済株式数は 100 万株（資本金等の額 5,000 万円÷50 円）となります。

　したがって、A 社の「1 株（50 円）当たりの年配当金額（Ⓑ）」の金額の計算は、次のとおりです。

{(700 万円＋600 万円)×1/2}　÷100 万株＝6.5 円

【評価明細書の記載例】

　1 株当たりの年配当金額の計算は、「第 4 表　類似業種比準価額等の計算明細書」の「2. 比準要素等の金額の計算」欄の「1 株（50 円）当たりの年配当金額」の⑥「年配当金額」欄に、評価会社の株主資本等変動計算書から配当金額を計算し、記載します（記念配当等、配当金額に含まれないものがある場合にはこれを除きます）。

株主資本等変動計算書
自 平成31年4月1日 至 令和2年3月31日　　　　　（単位：円）

	株主資本					株主資本	純資産の部
	資本金	利益剰余金			利益剰余金		
		利益準備金	その他利益剰余金				
			別途積立金	繰越利益剰余金			
当期首残高	50,000,000	12,500,000	10,000,000	254,279,474	276,779,474	326,779,474	326,779,474
当期変動額	0	0	0	0	0	0	0
剰余金の配当	0	0	0	△ 7,000,000	△ 7,000,000	△ 7,000,000	△ 7,000,000
当期純利益	0	0	0	16,492,378	16,492,378	16,492,378	16,492,378
当期変動額合計	0	0	0	9,492,378	9,492,378	9,492,378	9,492,378
当期末残高	50,000,000	12,500,000	10,000,000	263,771,852	286,271,852	336,271,852	336,271,852

株主資本等変動計算書
自 平成30年4月1日 至 平成31年3月31日　　　　　（単位：円）

	株主資本					株主資本	純資産の部
	資本金	利益剰余金			利益剰余金		
		利益準備金	その他利益剰余金				
			別途積立金	繰越利益剰余金			
当期首残高	50,000,000	12,500,000	10,000,000	245,494,238	267,994,238	317,994,238	317,994,238
当期変動額	0	0	0	0	0	0	0
剰余金の配当	0	0	0	△ 6,000,000	△ 6,000,000	△ 6,000,000	△ 6,000,000
当期純利益	0	0	0	14,785,236	14,785,236	14,785,236	14,785,236
当期変動額合計	0	0	0	8,785,236	8,785,236	8,785,236	8,785,236
当期末残高	50,000,000	12,500,000	10,000,000	254,279,474	276,779,474	326,779,474	326,779,474

株主資本等変動計算書
自 平成29年4月1日 至 平成30年3月31日　　　　　（単位：円）

	株主資本					株主資本	純資産の部
	資本金	利益剰余金			利益剰余金		
		利益準備金	その他利益剰余金				
			別途積立金	繰越利益剰余金			
当期首残高	50,000,000	12,500,000	10,000,000	234,567,890	257,067,890	307,067,890	307,067,890
当期変動額	0	0	0	0	0	0	0
剰余金の配当	0	0	0	△ 5,000,000	△ 5,000,000	△ 5,000,000	△ 5,000,000
当期純利益	0	0	0	15,926,348	15,926,348	15,926,348	15,926,348
当期変動額合計	0	0	0	10,926,348	10,926,348	10,926,348	10,926,348
当期末残高	50,000,000	12,500,000	10,000,000	245,494,238	267,994,238	317,994,238	317,994,238

比準要素数1の会社の判定要素になりますので、比準割合の計算には関係ありません

②　1 株（50 円）当たりの年利益金額（ⓒ）

イ　基本的な考え方

　評価会社の直前期末以前 1 年間における 1 株（50 円）当たりの年利益金額（ⓒ）は、その期間における法人税の課税所得金額等を基として計算します。法人税の課税所得金額を基として算定することとされているのは、評価会社と類似業種である上場会社の利益計算の恣意性を排除し、同一の算定基準によって計算した実質利益の額を基として両者を比較することの合理性を確保するためです。

　また、1 株（50 円）当たりの年利益金額（ⓒ）については、評価の安全性を考慮して、納税義務者の選択により、直前期末以前 2 年間の利益金額を基して計算できることとなっています。

　1 株（50 円）当たりの年利益金額（ⓒ）を計算するための算式は次のとおりです。

$$\left(\begin{array}{c}\text{法人税の}\\\text{課税所得}\\\text{金額}\end{array} + \begin{array}{c}\text{所得の計算上益金の額に算入されな}\\\text{かった利益の配当等の金額（所得税}\\\text{額に相当する金額を除く）}\end{array} + \begin{array}{c}\text{損金に算入され}\\\text{た繰越欠損金の}\\\text{控除額}\end{array}\right)$$

$$\div \begin{array}{c}\text{1 株当たりの資本金等の額を 50 円}\\\text{とした場合における発行済株式数}\\\text{（資本金等の額÷50 円）}\end{array}$$

ロ　計算に当たっての留意事項

　1 株（50 円）当たりの年利益金額（ⓒ）の計算について、以下の点に留意が必要です。

【1 株（50 円）当たりの年利益金額（ⓒ）の計算上の留意事項】

項目	留意事項
法人税の課税所得金額	固定資産売却益、保険差益等の非経常的な利益金額を除いた金額によります。
種類の異なる非経常的な損益がある場合	種類の異なる非経常的な損益がある場合であっても、これらを通算し、1 株（50 円）当たりの年利益金額（ⓒ）を算定することになります。
継続的に有価証券売却益がある場合等	1 株当たりの年利益金額（ⓒ）の計算に際し、ある利益が、経常的な利益又は非経常的な利益のいずれに該当するかは、評価会社の事業の内容、その利益の発生原因、その発生原因たる行為の反復継続性又は偶発性等を考慮して、個別に判断することになります。
被除数の金額が負数となる場合	1 株（50 円）当たりの年利益金額（ⓒ）は零とします。
端数処理	被除数のそれぞれの金額は千円未満の端数を切り捨てて計算し、計算した 1 株（50 円）当たりの年利益金額（ⓒ）に 1 円未満の端数がある場合には、その端数を切り捨てます。

特別償却との関係	1株（50円）当たりの年利益金額（Ⓒ）の計算上、減価償却費については特別な調整は規定されていないことから、特別償却額を非経常的な項目として調整する必要はありません。ただし、「純資産価額方式」による純資産価額の計算上は異なる扱いがありますので留意が必要です。
外国子会社からの剰余金の配当	租税特別措置法第66条の8第1項又同条第2項に規定する外国子会社からの剰余金の配当がある場合には、そのうちの特定課税対象金額に達するまでの金額は、既に評価会社の法人税法上の課税所得金額を構成しているので、この部分については、1株（50円）当たりの年利益金額（Ⓒ）の金額の計算上、加算する必要はありません。
みなし配当の金額がある場合	評価会社が所有する株式をその株式の株式発行法人に譲渡することにより生じた「みなし配当」の金額は、その発生の基因となる合併や株式発行法人への株式の譲渡等が、通常、臨時偶発的なものと考えられるため、「非経常的な利益」と同様に、原則として、「1株当たりの利益金額Ⓒ」の計算において法人税の課税所得金額に加算する「益金に算入されなかった剰余金の配当等」の金額に該当しません。この場合、「取引相場のない株式（出資）の評価明細書」の記載に当たっては、「第4表類似業種比準価額等の計算明細書」の「⑬受取配当等の益金不算入額」欄にみなし配当の金額控除後の金額を記載します。

ハ　評価明細書記載のポイント

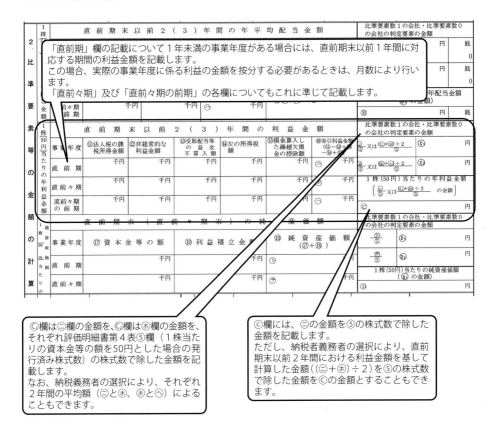

「直前期」欄の記載について１年未満の事業年度がある場合には、直前期末以前１年間に対応する期間の利益金額を記載します。
この場合、実際の事業年度に係る利益の金額を按分する必要があるときは、月数により行います。
「直前々期」及び「直前々期の前期」の各欄についてもこれに準じて記載します。

◎欄は○欄の金額を、◎欄は◯欄の金額を、それぞれ評価明細書第４表⑤欄（１株当たりの資本金等の額を50円とした場合の発行済み株式数）の株式数で除した金額を記載します。
なお、納税義務者の選択により、それぞれ２年間の平均額（○と◯、◯と○）によることもできます。

©欄には、○の金額を⑤の株式数で除した金額を記載します。
ただし、納税者義務者の選択により、直前期末以前２年間における利益金額を基して計算した金額（（○＋◯）÷２）を⑤の株式数で除した金額を©の金額とすることもできます。

二　非経常的な利益金額の取扱い

　１株（50円）当たりの利益金額（©）を計算するに当たっては、評価会社の法人税の課税所得を基に算出することになりますが、この場合、固定資産の売却益や火災の際の保険差益などの非経常的な利益を除外することとされています。

　これは、類似業種比準方式における比準要素としての利益金額について、評価会社の経常的な収益力を表すものを採用することで、類似業種の利益金額と比較して、評価会社の経常的な収益力を株式の評価額に反映させるためです。

　この場合の非経常的な利益金額は、非経常的な損失の金額を控除した金額であり、負数の場合は０円とします。したがって、固定資産売却益と固定資産売却損や圧縮損がある場合には、それらの損金額は固定資産売却益等の非経常的な利益の金額から控除されます。

　非経常的な利益に該当するかどうかは、評価会社の事業の内容、その利益の発生要因や反復継続性などを考慮し、個別に判定することになります。また、種類の異なる非経常的な損益（保険差益と固定資産売却損など）がある場合であっても、これらを通算し、非経常的な損益の総体と

して算出することになります。

評価明細書への記載にあたっては、法人税の申告書や決算書を数年分確認し、取引内容等を総合的に勘案して、その損益の経常性を検討することになります。

ケーススタディ　非経常的な利益金額の計算

【設例】

非上場会社であるＢ社の株式の評価額の計算にあたって、同社の決算書には、次のとおり特別損益項目がありました。

この場合の非経常的な利益金額の計算及び評価明細書の記載方法はどのようになりますでしょうか。

なお、非経常的な利益金額以外の情報は、評価明細書に記載のとおりとします。

Ｂ社の特別損益項目の記載

	直前期	直前々期	直前々期の前期
固定資産売却益	155,896,250 円		1,254,136 円
投資有価証券売却益	3,587,740 円		
固定資産売却損			▲ 4,257,789 円
固定資産除却損	▲ 5,287,965 円	▲ 3,875,402 円	
固定資産圧縮損	▲ 124,717,000 円		

【解説】

Ｂ社の非経常的な利益金額の計算及び評価明細書の記載方法は以下のとおりです。

【非経常的な利益金額の計算】

	直前期	直前々期	直前々期の前期
固定資産売却益	155,896,250 円		1,254,136 円
投資有価証券売却益	3,587,740 円		
固定資産売却損			▲ 4,257,789 円
固定資産除却損	▲ 5,287,965 円	▲ 3,875,402 円	
固定資産圧縮損	▲ 124,717,000 円		
合計	29,479,025 円	▲ 3,875,402 円	▲ 3,003,653 円
非経常的な利益金額	29,479 千円	0 千円	0 千円

【評価明細書第 4 表への記載】

1株50円当り の年利益金額	直前期末以前2(3)年間の利益金額						比準要素数1の会社・比準要素数0の会社の判定要素の金額		
事業年度	⑪法人税の課税所得金額	⑫非経常的な利益金額	⑬受取配当等の益金不算入額	⑭左の所得税額	⑮損金算入した繰越欠損金の控除額	⑯差引利益金額(⑪-⑫+⑬-⑭+⑮)	⑤又は⑥÷2		© 269 円
	千円	千円	千円	千円	千円	千円	⑥ 又は ©+⑤÷2		© 259 円
直前期	308,225	29,479	608	180		279,174	1株(50円)当たりの年利益金額 [⑤ 又は ©+⑤÷2 の金額]		
直前々期	258,452	0	780	156		259,076			
直前々期の前期	289,750	0	750	262		290,238	©		269 円

ホ　受取配当金等の益金不算入額

　法人税の課税所得の計算上、内国法人が受取る配当金のうち、一定の金額については益金の額に算入しない（受取配当等の益金不算入）こととされています（法法 23）。

　従って、1 株（50 円）当たりの年利益金額（©）の計算上、受取配当等の益金不算入額の金額を加算します。

　ただし、益金不算入額は、源泉徴収税相当額を含めた税引前の金額により計算されていますので、これに相当する金額を除くこととされています。

ケーススタディ　1株（50円）当たりの年利益金額（©）の計算

【設例】

　C社の1株（50円）当たりの年利益金額（©）の計算に当たって、同社の直前期の利息及び剰余金の配当の受取状況、別表四、別表六（一）及び別表八（一）は次のとおりです。

　この場合、評価明細書第4表の「⑬受取配当等の益金不算入額」欄と「⑭左の所得税額」欄に記載する金額とその計算（いずれも直前期のみ）及び、1株（50円）当たりの年利益金額（©）はどのようになりますか。

　なお、C社の1株当たりの資本金等の額を50円とした場合の発行済株式数の数は、1,000,000株です。

【利息及び剰余金の配当の受取状況】

銘柄等	配当金の額	源泉所得税等
W社（その他株式）	200,000円	40,840円
X社（関連法人株式）	600,000円	122,520円
Y社（非支配目的株式）	30,000円	4,594円
Z社（その他株式）	150,000円	30,630円
預金利息	80,000円	12,252円

　Y社株式は、短期所有目的株式に該当します。

| | 所得の金額の計算に関する明細書(簡易様式) | | 事業年度 | 31・×・×
2・×・× | 法人名 | C社 | 別表四（簡易様式）令二・四・一以後終了事業年度分 |

区　　　分		総　　額	処　　　　　分		社　外　流　出
		①	留　保 ②		③
当期利益又は当期欠損の額	1	183,624,599 円	176,624,599 円	配当	7,000,000 円
				その他	
加	損金経理をした法人税及び地方法人税（附帯税を除く。）	2			
	損金経理をした道府県民税及び市町村民税	3			
	損金経理をした納税充当金	4	98,874,836	98,874,836		
	損金経理をした附帯税（利子税を除く。）、加算金、延滞金（延納分を除く。）及び過怠税	5			その他	
	減価償却の償却超過額	6				
	役員給与の損金不算入額	7			その他	
	交際費等の損金不算入額	8	1,899,778		その他	1,899,778
算		9				
		10				
	小　　　計	11	100,774,614	100,774,614		1,899,778
減	減価償却超過額の当期認容額	12				
	納税充当金から支出した事業税等の金額	13	38,679,836	38,679,836		
	受取配当等の益金不算入額（別表八（一）「13」又は「26」）	14	735,199		※	735,199
	外国子会社から受ける剰余金の配当等の益金不算入額（別表八（二）「26」）	15			※	
	受贈益の益金不算入額	16			※	
	適格現物分配に係る益金不算入額	17			※	
	法人税等の中間納付額及び過誤納に係る還付金額	18				
	所得税額等及び欠損金の繰戻しによる還付金額等	19			※	
算		20				
	小　　　計	21	39,415,035	38,679,836	外※	735,199 0
仮　　　計 (1)+(11)-(21)	22	244,984,178	236,819,599	外※	△735,199 8,899,778
関連者等に係る支払利子等又は対象純支払利子等の損金不算入額（別表十七（二の二）「29」又は（二の三）「10」）	23			その他	
超過利子額の損金算入額（別表十七（二の三）「10」）	24	△		※	△
仮　　　計 （(22)から(24)までの計）	25	244,984,178	236,819,599	外※	△735,199 8,899,778
寄附金の損金不算入額（別表十四（二）「24」又は「40」）	27			その他	
法人税額から控除される所得税額（別表六（一）「6の③」）	29	208,539		その他	208,539
税額控除の対象となる外国法人税の額（別表六（二の二）「7」）	30			その他	
分配時調整外国税相当額及び外国関係会社等に係る控除対象所得税額等相当額（別表六（五の二）「5の②」＋別表十七（三の十二）「1」）	31			その他	
合　　　計 (25)+(27)+(29)+(30)+(31)	34	245,192,717	236,819,599	外※	△735,199 9,108,317
契約者配当の益金算入額（別表九（一）「13」）	35				
中間申告における繰戻しによる還付に係る災害損失欠損金額の益金算入額	37			※	
非適格合併又は残余財産の全部分配等による移転資産等の譲渡利益額又は譲渡損失額	38			※	
差　　引　　計 (34)+(35)+(37)+(38)	39			外※	
欠損金又は災害損失金等の当期控除額（別表七（一）「4の計」＋別表七（四）「9若しくは「21」又は別表七（四）「10」）	40	△		※	△
総　　　計 (39)+(40)	41	245,192,717	236,819,599	外※	△735,199 9,108,317
新鉱床探鉱費又は海外新鉱床探鉱費の特別控除額（別表十（三）「43」）	42	△		※	△
残余財産の確定の日の属する事業年度に係る事業税の損金算入額	47	△	△		
所得金額又は欠損金額	48	245,192,717	236,819,599	外※	△735,199 9,108,317

（簡）

所得税額の控除に関する明細書

事業年度	31・×・× 2・×・×	法人名	C社

区　分		収　入　金　額 ①	①について課される所得税額 ②	②のうち控除を受ける所得税額 ③
公社債及び預貯金の利子、合同運用信託、公社債投資信託及び公社債等運用投資信託の収益の分配並びに特定目的信託の社債的受益権の剰余金の分配	1	80,000	12,252	80,000
剰余金の配当、利益の配当、剰余金の分配及び金銭の分配(みなし配当等を除く。)	2	980,000	198,584	196,287
集団投資信託(合同運用信託、公社債投資信託及び公社債等運用投資信託を除く。)の収益の分配	3			
割引債の償還差益	4			
そ　の　他	5			
計	6	1,060,000	210,836	208,539

剰余金の配当、利益の配当、剰余金の分配及び金銭の分配(みなし配当等を除く。)、集団投資信託(合同運用信託、公社債投資信託及び公社債等運用投資信託を除く。)の収益の分配又は割引債の償還差益に係る控除を受ける所得税額の計算

個別法による場合

銘　柄	収　入　金　額 7	所得税額 8	配当等の計算期間 9 月	(9)のうち元本所有期間 10 月	所有期間割合 $\frac{(10)}{(9)}$ (小数点以下3位未満切上げ) 11	控除を受ける所得税額 (8)×(11) 12

銘柄別簡便法による場合

銘　柄	収　入　金　額 13	所得税額 14	配当等の計算期末の所有元本数等 15	配当等の計算期首の所有元本数等 16	$\frac{(15)-(16)}{2又は12}$ (マイナスの場合は0) 17	所有元本割合 $\frac{(16)+(17)}{(15)}$ (小数点以下3位未満切上げ)(1を超える場合は1) 18	控除を受ける所得税額 (14)×(18) 19
W社	200,000	40,840	2,000	22,000		1.000	40,840
X社	600,000	122,520	10,000	10,000		1.000	122,520
Y社	30,000	4,594	1,000	0	500.0	0.500	2,297
Z社	150,000	30,630	1,000	1,000		1.000	30,630

その他に係る控除を受ける所得税額の明細

支払者の氏名又は法人名	支払者の住所又は所在地	支払を受けた年月日	収入金額 20	控除を受ける所得税額 21	参　考
		・　・			
		・　・			
		・　・			
		・　・			
		・　・			
計					

受取配当等の益金不算入に関する明細書	事業年度	31・×・× 2・×・×	法人名	C社	別表八（一） 令二・四・一以後終了事業年度分

当年度実績により負債利子等の額を計算する場合	基準年度実績により負債利子等の額を計算する場合

関連法人株式等の額の計算	完全子法人株式等に係る受取配当等の額（31の計）	1	円	関連法人株式等の額の計算	完全子法人株式等に係る受取配当等の額（31の計）	14	円
	受取配当等の額（34の計）	2	600,000		受取配当等の額（34の計）	15	600,000
負債利子等の額の計算	当期に支払う負債利子等の額	3	5,823,678	負債利子等の額の計算	当期に支払う負債利子等の額	16	5,823,678
	連結法人に支払う負債利子等の額	4			国外支配株主等に係る負債の利子等の損金不算入額、関連者等に係る支払利子等の損金不算入額又は恒久的施設に帰せられるべき資本に対応する負債の利子の損金不算入額（別表十七（一）「35」と別表十七（二の二）「25」のうち多い金額又は（別表十七（二の二）「30」と別表十七の三（二）「17」のうち多い金額）	17	
	国外支配株主等に係る負債の利子等の損金不算入額、関連者等に係る支払利子等の損金不算入額又は恒久的施設に帰せられるべき資本に対応する負債の利子の損金不算入額（別表十七（一）「35」と別表十七（二の二）「25」のうち多い金額又は（別表十七（二の二）「30」と別表十七の三（二）「17」のうち多い金額）	5			超過利子額の損金算入額（別表十七（二の三）「10」）	18	
	超過利子額の損金算入額（別表十七（二の三）「10」）	6			計 (16)−(17)+(18)	19	5,823,678
	計 (3)−(4)−(5)+(6)	7	5,823,678		平成27年4月1日から平成29年3月31日までの間に開始した各事業年度の負債利子等の額の合計額	20	18,623,119
	総資産価額（29の計）	8	5,852,745,649		同上の各事業年度の関連法人株式等に係る負債利子等の額の合計額	21	132,519
	期末関連法人株式等の帳簿価額（30の計）	9	40,000,000		負債利子控除割合 (21)/(20)（小数点以下3位未満切捨て）	22	0.007
	受取配当等の額から控除する負債利子等の額 (7)×(9)/(8)	10	39,801		受取配当等の額から控除する負債利子等の額 (19)×(22)	23	円 40,765
その他株式等に係る受取配当等の額（37の計）	11	350,000	その他株式等に係る受取配当等の額（37の計）	24	350,000
非支配目的株式等に係る受取配当等の額（43の計）	12	0	非支配目的株式等に係る受取配当等の額（43の計）	25	0
受取配当等の益金不算入額 (1)+((2)−(10))+(11)×50%+(12)×(20%又は40%)	13	735,199	受取配当等の益金不算入額 (14)+((15)−(23))+(24)×50%+(25)×(20%又は40%)	26	734,235

当年度実績による場合の総資産価額等の計算

区分	総資産の帳簿価額 27	連結法人に支払う負債利子等の元本の負債の額等 28	総資産価額 (27)−(28) 29	期末関連法人株式等の帳簿価額 30
前期末現在額	2,895,433,260 円	円	2,895,433,260 円	20,000,000 円
当期末現在額	2,957,312,389		2,957,312,389	20,000,000
計	5,852,745,649		5,852,745,649	40,000,000

受取配当等の額の明細

完全子法人株式等	法人名	本店の所在地	受取配当等の額の計算期間	受取配当等の額 31
			・　　・	円
			・　　・	
			・　　・	
	計			

関連法人株式等	法人名	本店の所在地	受取配当等の額の計算期間	保有割合	受取配当等の額 32	左のうち益金の額に算入される金額 33	益金不算入の対象となる金額 (32)−(33) 34
	X社	東京都千代田区×××	・　・ ・　・	0.500	600,000 円	円	600,000 円
	計				600,000		600,000

その他株式等	法人名	本店の所在地	受取配当等の額 35	左のうち益金の額に算入される金額 36	益金不算入の対象となる金額 (35)−(36) 37
	W社	栃木県宇都宮市×××	200,000 円	円	200,000 円
	Z社	東京都台東区×××	150,000		150,000
	計		350,000		350,000

非支配目的株式等	法人名又は銘柄	本店の所在地 38	基準日 39	保有割合 40	受取配当等の額 41	左のうち益金の額に算入される金額 42	益金不算入の対象となる金額 (41)−(42) 43
	Y社	埼玉県川口市×××	・　・ ・　・		30,000 円	30,000 円	0
	計				30,000	30,000	0

【解説】

評価明細書第4表の記載方法は、次の記載例を参照してください。A社の直前期の受取配

当金のうち、Y社株式に係る配当金は、短期所有目的株式であることから、益金の額に算入されています。したがって、これに係る所得税についても、1株（50円）当たりの年利益金額を計算する際に調整が必要になります。

　C社の1株（50円）当たり年利益金額（Ⓒ）の金額は、233円になります。評価明細書の記載例は次のとおりです。

【評価明細書第4表の記載例】

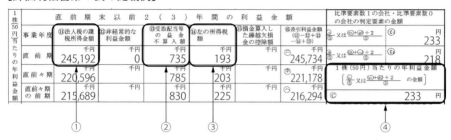

① 評価明細書第4表「⑪法人税の課税所得金額」欄には、直前期の所得金額を記載します（ここでは、法人税申告書別表四「所得金額又は欠損金額48」欄の金額）。

【法人税申告書別表四】

総　　計　(39)＋(40)	41	245,192,717	236,8
新鉱床探鉱費又は海外新鉱床探鉱費の特別控除額　（別表十（三）「43」）	42	△	
残余財産の確定の日の属する事業年度に係る事業税の損金算入額	47	△	△
所 得 金 額 又 は 欠 損 金 額	48	245,192,717	236,8

② 評価明細書第4表「⑬受取配当等の益金不算入額」欄には受取配当金等の益金不算入額（法人税申告書別表四「受取配当金等の益金不算入額14」欄）の金額を記載します。

【法人税申告書別表四】

	減価償却超過額の当期認容額	12		
	納税充当金から支出した事業税等の金額	13	38,679,836	38,6
	受 取 配 当 等 の 益 金 不 算 入 額（別表八（一）「13」又は「26」）	14	735,199	
減	外国子会社から受ける剰余金の配当等の益金不算入額（別表八（二）「26」）	15		
	受 贈 益 の 益 金 不 算 入 額	16		
	適格現物分配に係る益金不算入額	17		
	法人税等の中間納付額及び過誤納に係る還付金額	18		
	所得税額等及び欠損金の繰戻しによる還付金額等	19		

③ 評価明細書第4表「⑭左の所得税額」欄には、受取配当金等の益金不算入額に対応する所得税額の金額を記載します。

　　ここでは、Y社株式の受取配当金30,000円は、短期所有株式に該当することから、益金の額に算入されています（別表八参照）。そのため、Y社株式に係る配当金の源泉所得税額4,594円は「⑭左の所得税額」欄に記載する金額には含まれません。

　　したがって、「⑭左の所得税額」欄には、W社株式に係る配当金の源泉所得税額40,840円、X社に係る配当金の源泉所得税額122,520円及びZ社株式に係る配当金の源泉所得税額30,630円の合計額（193千円）を記載します。

【法人税申告書別表六】

銘柄別簡便法による場合	銘　　　柄	収入金額	所得税額		(16)は12ナスの合は0	所有元本割合 (16)+(17) (15)（小数点以下3位未満切上げ）（1を超える場合は1）	控除を受ける所得税額 (14)×(18)
		13	14		17	18	19
	W社	200,000 円	40,840 円			1.000	40,840 円
	X社	600,000	122,520			1.000	122,520
	Y社	30,000	4,594		500.0	0.500	2,297
	Z社	150,000	30,630			1.000	30,630

④　Ⓒ欄には、㊀欄の金額（245,734千円）若しくは㊀欄と㊉欄の平均額233,456千円（（245,734千円＋221,178千円）÷2）を1株当たりの資本金等の額を50円とした場合の発行済株式数（本設例では1,000,000株）で除した金額を記載します。

　　本設例の場合には、233円となります。

③　1株（50円）当たりの純資産価額（Ⓓ）

イ　基本的な考え方

　評価会社の1株（50円）当たりの純資産価額（Ⓓ）は、評価会社の直前期末における資本金等の額を基として計算します。

　評価会社の1株（50円）当たりの純資産価額（Ⓓ）は、評価会社の法人税法上の金額を基に計算されますが、これは、上場会社の純資産価額を比較対象とすることは事実上困難であることから、評価会社と比較対象となる上場会社の純資産価額の計算方法の統一性及びその計算方法の簡便化を目的として採用されていると考えられています。

　計算式は、次のとおりです。

$$\left(\begin{array}{l}\text{法人税法に規定す}\\\text{る資本金等の額}\end{array} + \begin{array}{l}\text{法人税法に規定す}\\\text{る利益積立金額}\end{array}\right) ÷ \begin{array}{l}\text{1株当たりの資本金等の額が50円}\\\text{であるとした場合の発行済株式数}\end{array}$$

ロ　計算に当たっての留意事項

1株（50円）当たりの純資産価額（Ⓓ）の計算について、以下の点に留意が必要です。

【1株（50円）当たりの純資産価額（Ⓓ）の計算上の留意事項】

項目	留意事項
法人税法に規定する資本金等の額	直前期の法人税の申告書別表五（一）「利益積立金額及び資本金等の額の計算に関する明細書」の「差引翌期首現在資本金等の額の差引合計額 36」欄の④に相当する金額です。
法人税法に規定する利益積立金額	直前期の法人税の申告書別表五（一）「利益積立金額及び資本金等の額の計算に関する明細書」の「差引翌期首現在利益積立金額の差引合計額 31」欄の④に相当する金額です。
資本金等の額がマイナスの場合	評価会社の資本金等の額が、資本取引等の結果マイナスとなっている場合であっても、このマイナスについて特に考慮することなく評価することになります。
寄附修正の取扱い	グループ法人税制の適用により、完全支配関係にある子法人の寄附に関する申告調整（いわゆる寄附修正）による親会社の利益積立金の増加については、1株（50円）当たりの純資産価額（Ⓓ）の計算上、調整する必要はありません。

ハ　評価明細書記載のポイント

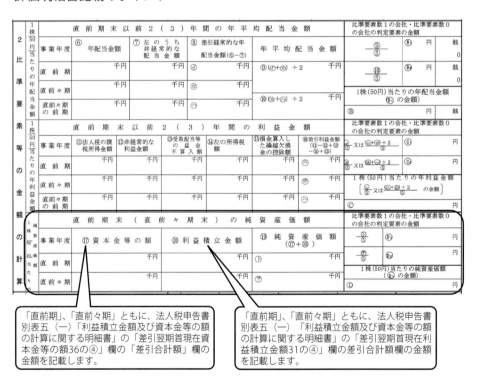

「直前期」、「直前々期」ともに、法人税申告書別表五（一）「利益積立金額及び資本金等の額の計算に関する明細書」の「差引翌期首現在資本金等の額36の④」欄の「差引合計額」欄の金額を記載します。

「直前期」、「直前々期」ともに、法人税申告書別表五（一）「利益積立金額及び資本金等の額の計算に関する明細書」の「差引翌期首現在利益積立金額31の④」欄の差引合計額欄の金額を記載します。

ケーススタディ　1株（50円）当たりの純資産価額（⑩）の計算

【設例】

D 社の直前期の法人税申告書別表五（一）の末尾記載内容は次のとおりです。

D 社の類似業種比準方式における 1 株（50円）当たりの純資産価額（⑩）の金額を算出するに当たって、評価明細書第 4 表の記載方法を教えてください。

なお、D 社の 1 株当たりの資本金等の額を 50 円とした場合の発行済株式数は 200,000 株です。

【D 社の法人税申告書別表五（一）※抜粋】

繰 越 損 益 金 (損 は 赤)	26	155,765,581	155,765,581	178,559,669	178,559,669
納 税 充 当 金	27	9,568,972	15,384,500		△5,815,528
未納法人税等（退職年金等積立金に対するものを除く。） 未納法人税及び未納地方法人税（附帯税を除く。）	28	△ 5,842,000	△ 8,609,800	中間 △ 2,750,000 確定 △ 2,567,500	△ 2,549,700
未納道府県民税（均等割額及び利子割額を含む。）	29	△ 2,542,500	△ 3,796,500	中間 △ 1,250,000 確定 △ 750,800	△ 750,800
未納市町村民税（均等割額を含む。）	30	△	△	中間 △ 確定 △	△
差 引 合 計 額	31	159,450,053	158,747,781	171,241,369	171,943,641

Ⅱ　資 本 金 等 の 額 の 計 算 に 関 す る 明 細 書

区 分		期 首 現 在 資本金等の額 ①	当 期 の 増 減 減 ②	当 期 の 増 減 増 ③	差引翌期首現在 資 本 金 等 の 額 ①－②＋③ ④
資 本 金 又 は 出 資 金	32	10,000,000 円	円	円	10,000,000 円
資 本 準 備 金	33				
	34				
	35				
差 引 合 計 額	36	10,000,000			10,000,000

【解説】

記載方法は次のとおりです。D 社の 1 株（50円）当たりの純資産価額（⑩）の金額は、909 円になります。

【評価明細書第 4 表の記載例】

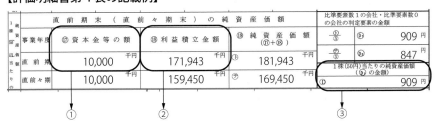

① 「⑰資本金等の額」欄には、法人税申告書別表五（一）の「差引翌期首現在資本金等の額 36 の④」欄の金額を記載します。

区　　　分		期　首　現　在 資本金等の額 ①	当　期　の　増　減		差引翌期首現在 資本金等の額 ①−②+③
			減 ②	増 ③	④
資本金又は出資金	32	10,000,000^円	円	円	10,000,000^円
資　本　準　備　金	33				
	34				
	35				
差　引　合　計　額	36	10,000,000			10,000,000

② 「⑱利益積立金額」欄には、法人税申告書別表五（一）の「差引翌期首現在利益積立金額 31 の④」欄の金額を記載します。

繰越損益金（損は赤）	26	155,765,581	155,765,581		178,559,669	178,559,669
納　税　充　当　金	27	9,568,972	15,384,500			△5,815,528
未納法人税及び未納地方法人税 （附帯税を除く。）	28	△ 5,842,000	△ 8,609,800	中間 △ 2,750,000 確定 △ 2,567,500	△	2,549,700
未納道府県民税 （均等割額及び利子割額を含む。）	29	△ 2,542,500	△ 3,796,500	中間 △ 1,250,000 確定 △ 750,800	△	750,800
未納市町村民税 （均等割額を含む。）	30	△	△	中間 △ 確定 △	△	
差　引　合　計　額	31	159,450,053	158,747,781		171,241,369	171,943,641

③ ⑪欄には、⑩で計算した金額（181,943 千円÷200,000 株＝909 円）を記載します。

（5）　STEP3　類似業種比準価額の計算

①　類似業種比準価額の計算

評価会社の各比準要素が算出されたら、これらの比準要素を評価会社と類似の業種に属する上場会社の数値に比準させて、類似業種比準価額を算出します。

計算式は、P86（6（1）①）を参照してください。

②　計算の流れ

類似業種比準価額の具体的な計算は、次のような流れになります。

イ　上場会社の事業内容に基づいて、日本標準産業分類表に対比させた業種区分に基づき評価会社の類似業種を選定する（選定方法については、P88（6（1）⑤）参照）。

↓

ロ　国税庁より公表されている類似業種の株価（A）のうち、次の中で一番低いものを選定する。
　（イ）課税時期の属する月
　（ロ）課税時期の属する月の前月
　（ハ）課税時期の属する月の前々月
　（ニ）前年平均株価
　（ホ）課税時期の属する月以前 2 年間の平均株価

↓

> ハ　国税庁より公表されている類似業種の比準要素の金額（B、C 及び D）を選定する。

> ニ　評価会社の⑧、⑨及び⑩の金額と類似業種の B、C 及び D の金額について、算式に基づいて比準割合を計算し、これをロで選定した類似業種の株価（A）に乗じる。

> ホ　評価会社の会社規模に応じた斟酌率（「大会社」は 0.7、「中会社」は 0.6、「小会社」は 0.5）を乗じて、類似業種比準価額を算出する。

③　計算に当たっての主な留意事項

留意事項	内容
業種目別の株価の選定	類似業種の業種目別株価の選定に当たっては、課税時期の属する年分の評価に適用すべき業種目別の株価を採用します。 標本会社のとして選定される上場会社の変更があった場合、既に公表済みの前年株価に異動が生じる場合があるためです。
比準要素割合の計算	比準割合の計算は、各要素別に計算した割合の合計を 3 で除して計算しますが、1 つの比準要素が 0 となっている場合でも、3 で除すことになります。 なお、比準要素が 1 の会社（2 つの要素が 0 の会社）の評価は、原則として純資産価額方式により評価することになりますが、L の割合を 0.25 とする併用方式を選択することができます。 比準要素が 0 の会社は、純資産価額で評価します。

④ 評価明細書の記載のポイント

「類似業種と業種目番号」欄は評価会社の直前期末1年間の取引金額に基づいて判定します。2以上の業種目に属する取引がある場合は、取引金額が50%を超える業種目により判定しますが、50%を超える業種目がない場合は、一定の方法により、大分類、中分類又は小分類の業種目に区分し、その区分に基づき、小分類と中分類、中分類と大分類、大分類のみといった業種目を記載します（P88（6（2）⑤）参照）。

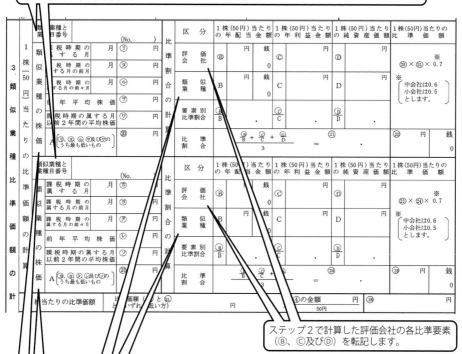

ステップ2で計算した評価会社の各比準要素（Ⓑ、Ⓒ及びⒹ）を転記します。

「類似業種の株価」欄の⑦、⑧、⑨、⑩及び⑪の各金額及び「比準割合の計算」欄のB、C及びDの各金額は、国税庁が公表する「令和○○年分の類似業種比準価額計算上の業種目及び業種目別株価等について（法令解釈通達）」を参照して該当する業種目の数値を転記します。

ケーススタディ　業種目の選定

【設例】

　E 社は、製造業と不動産業を営んでいます。直前期末以前 1 年間の当社の取引金額の内容は次のとおりですが、株式の評価上、E 社はどの業種に属することになるのでしょうか。

【直前期末以前 1 年間の取引金額の内容】

取引	取引金額	取引割合
卸売業（建築材料卸売業）	18 億円	47 %
不動産業（売買・仲介）	12 億円	32 %
不動産賃貸業（貸家業）	5 億円	13 %
不動産管理業	3 億円	8 %

【回答】

①　日本標準産業分類との対比

　国税庁より公表されている「（別表）日本標準産業分類の分類項目と類似業種比準価額計算表の業種目との対比表（平成 29 年分）」では、卸売業（建築材料卸売業）は、日本標準産業分類の分類項目では、小分類「531　建築材料卸売業」に該当し、類似業種比準価額計算上の業種目は「その他の建築材料、鉱物・金属材料等卸売業」（73 番）に分類されています。

　また、不動産業（売買）は、日本標準産業分類の分類項目では中分類「681　建物売買業、土地売買業」に該当し、類似業種比準価額計算上の業種目は「不動産取引業（93 番）」に該当します。

　不動産賃貸業及び不動産管理業は、日本標準産業分類の分類項目では中分類「692　貸家業・貸間業」に該当し、類似業種比準価額計算上の業種目はいずれも「不動産賃貸業・管理業」（94 番)」に該当します。

取引	日本標準産業分類	類似業種比準価額計算上の業種目
卸売業 （建築材料卸売業）	小分類 531 建築材料卸売業	小分類 その他の建築材料、鉱物・金属材料等卸売業（73番)
不動産業 （売買）	小分類 681 建物売買業、土地売買業	中分類 不動産取引業（93 番）

不動産賃貸業 （貸家業）	小分類 692 貸家業・貸間業	中分類 不動産賃貸業・管理業（94 番）
不動産管理業	小分類 694 不動産管理業	中分類 不動産賃貸業・管理業（94 番）

② 業種目の判定

E 社の類似業種比準価額計算上の業種目と取引割合を整理すると次のとおりとなります。

取引	類似業種比準価額計算上の業種目	取引割合	業種目別合計
卸売業 （建築材料卸売業）	卸売業 小分類　その他の建築材料、鉱物・金属材料等卸売業 （73 番）	47 %	47 %
不動産業 （売買）	卸売業、小売・サービス業以外 　大分類　不動産業・物品賃貸業（92 番） 　中分類　不動産取引業（93 番）	32 %	
不動産賃貸業 （貸家業）	卸売業、小売り・サービス業以外 　大分類　不動産業・物品賃貸業（92 番） 　中分類　不動産賃貸業・管理業（94 番）	13 %	53 %
不動産管理業	卸売業、小売、サービス業以外 　大分類　不動産業・物品賃貸業（92 番） 　中分類　不動産賃貸業・管理業（94 番）	8 %	

　評価会社の類似業種の判定は、直前期末以前 1 年間の取引金額により判定することになりますが、複数の業種目に係る取引金額が含まれている場合には、取引金額全体に占める割合が 50 % を超える取引金額の該当する業種目によります。

　E 社の場合には、50 % を超える業種目がありませんが、評価会社の事業が一つの大分類の業種目中の 2 以上の類似しない中分類の業種目に属し、それらの業種目別の割合の合計が 50 % を超える場合には、その大分類の業種目によることとされています（P90（6（1）⑤ニ）参照）。

　したがって、一つの大分類（不動産業・物品賃貸業（92 番））の 2 以上の類似しない中分類（不動産取引業（93 番）と不動産賃貸業・管理業（94 番））の割合の合計が 53 % となり、50 % を超えていますので、E 社は、その大分類である「不動産業・物品賃貸業（92 番）」の業種目に属することとなります。

　なお、会社規模判定上の業種区分は、もっとも取引金額の大きい「卸売業、小売・サービス業以外」となります。

ケーススタディ　類似業種比準価額の計算

【設例】

前問のケーススタディにおいて、課税時期を令和2年9月30日とした場合のE社の類似業種比準価額の計算及び評価明細書第4表の記載方法を示してください。

なお、E社の会社規模は「大会社」に該当し、各比準要素（Ⓑ、Ⓒ、Ⓓ）の金額はそれぞれ、Ⓑ＝0円、Ⓒ＝37円、Ⓓ＝250円であり、1株当たりの資本金等の額は5,000円です。また、国税庁より公表されている類似業種の株価は次のとおりであると仮定します。

類似業種比準価額計算上の業種目及び業種目別株価等（令和2年分）

（単位：円）

業　種　目				B（配当金額）	C（利益金額）	D（簿価純資産価額）	A（株価）		
大分類 / 中分類 / 小分類	番号	内　　容					令和1年平均	1年11月分	1年12月分
不動産業、物品賃貸業	92			4.4	38	209	301	313	328
①イ 不動産取引業	93	不動産の売買、交換又は不動産の売買、貸借、交換の代理若しくは仲介を行うもの		①ロ 3.3	①ハ 40	①ニ 189	①ホ 226	234	251
不動産賃貸業・管理業	94	不動産の賃貸又は管理を行うもの		4.5	29	170	346	345	350
物品賃貸業	95	産業用機械器具、事務用機械器具、自動車、スポーツ・娯楽用品及び映画・演劇用品等の物品の賃貸を行うもの		6.9	58	347	426	466	494

類似業種比準価額計算上の業種目及び業種目別株価等（令和2年分）

（単位：円）

業　種　目			A（株価）【上段：各月の株価、下段：課税時期の属する月以前2年間の平均株価】										
大分類 / 中分類 / 小分類	番号		令和2年1月分	2月分	3月分	4月分	5月分	6月分	7月分 ①ヘ	8月分 ①ト	9月分 ①チ	10月分 ①リ	11月分	12月分
不動産業、物品賃貸業	92		335 / 304	339 / 306	405 / 319	391 / 309	377 / 314	355 / 315	344 / 315	336 / 304	330 / 307	331 / 316	333 / 315	341 / 321
不動産取引業	93		254 / 230	254 / 231	250 / 233	251 / 237	254 / 247	239 / 238	236 / 239	246 / 230	259 / 228	271 / 238	291 / 255	320 / 276
不動産賃貸業・管理業	94		359 / 340	361 / 343	349 / 349	350 / 344	356 / 354	366 / 354	364 / 354	342 / 352	340 / 336	362 / 343	365 / 351	368 / 363
物品賃貸業	95		509 / 429	523 / 433	522 / 436	527 / 454	545 / 478	541 / 458	558 / 457	518 / 438	520 / 454	543 / 476	534 / 458	538 / 464

※株価はすべて仮定です。

【解説】

　E社の類似業種比準価額は、15,170円となります。評価明細書第4表の記載例は次のとおりです。

【評価明細書第4表の記載例】

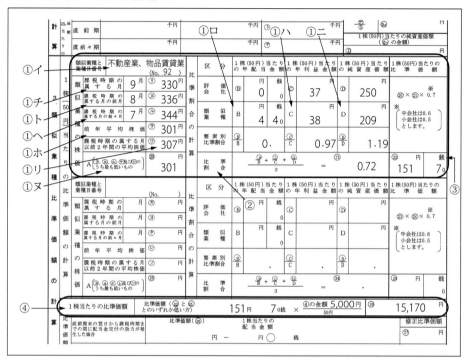

① 『類似業種比準価額計算上の業種目及び業種目別株価等』より、各数値を転記します。

　イ 「類似業種と業種目番号」欄には、評価会社の取引金額に基づいて判定した業種目を記載します。本問では、大分類の「不動産業、物品賃貸業（No.92）」と記載します。

　　　なお、業種目の判定により大分類に区分されている業種目の場合には、大分類の業種目のみを記載しますので、本問では、上段のみを使用します。

　ロ 「比準割合の計算」欄のうち、「類似業種」の「1株（50円）当たりの年配当金額」の「B」欄に類似業種の数値を記載します。本問では、「4.4」と記載します。

　　　また、「Ⓑ」欄には評価会社の1株当たりの年配当金額を記載し、「要素別比準割合」の「Ⓑ/B」欄に、計算結果を記載します。本設例では、「Ⓑ」欄に「0」、「Ⓑ/B」欄に「0」（0/4.4）を記載します。

　ハ 「比準割合の計算」欄のうち、「類似業種」の「1株（50円）当たりの利益金額」の「C」欄に類似業種の数値を記載します。本問では、「38」と記載します。

　　また、「Ⓒ」欄には評価会社の 1 株当たりの年配当金額を記載し、「要素別比準割合」の「Ⓒ/C」欄に、計算結果を記載します。本設例では、「Ⓒ」欄に「37」、「Ⓒ/C」欄に「0.97」（37/38）を記載します。

ニ　「比準割合の計算」欄のうち、「類似業種」の「1 株（50 円）当たりの純資産価額」の「D」欄に類似業種の数値を記載します。本設例では、「209」と記載します。

　　また、「Ⓓ」欄には評価会社の 1 株当たりの年配当金額を記載し、「要素別比準割合」の「Ⓓ/D」欄に、計算結果を記載します。本設例では、「Ⓓ」欄に「250」、「Ⓓ/D」欄に「1.19」（250/209）を記載します。

ホ　「類似業種の株価」欄の「前年平均株価」欄（㋐）に、類似業種の前年平均株価を記載します。本設例では、「301」と記載します。

ヘ　「類似業種の株価」欄の「課税時期の属する月の前々月」欄（㋺）に、課税時期の属する月の前々月とその株価を記載します。本設例では、それぞれ、「7」「344」と記載します。

ト　「類似業種の株価」欄の「課税時期の属する月の前月」欄（㋩）に、課税時期の属する月の前月とその株価を記載します。本設例では、それぞれ、「8」「336」と記載します。

チ　「類似業種の株価」欄の「課税時期の属する月」欄（㋥）に、課税時期の属する月とその株価を記載します。本設例では、それぞれ、「9」「330」と記載します。

リ　「類似業種の株価」欄の「課税時期の属する月以前 2 年間の平均株価」欄（㋬）に、課税時期の属する月以前 2 年間の平均株価を記載します。本設例では、「307」と記載します。

ヌ　「類似業種の株価」欄の「A ⑳」欄には、ホ～リまでで記載した株価のうち、最も低いものを選んで記載します。本設例では、ホで記載した㋐「301」を選んで記載します。

②　「比準割合の計算」の「比準割合㉑」欄は、類似業種比準価額の計算の算式により計算した数値を記載します。本設例では、「0.72」（（0＋0.97＋1.19）/3）を記載します。

③　「1 株（50）円当たりの比準価額㉒」欄では、①ヌで計算した「A ⑳」欄に②で計算した比準割合を乗じ、会社規模の区分に応じた斟酌率を乗じて計算した数値を記載します。本設例では、「151.7」（301×0.72×0.7）を記載します。

④　③で計算した比準価額は、評価会社の 1 株当たりの資本金等の額を 50 円とした場合の数字ですので、これを評価会社の 1 株当たりの金額にする必要があります。

　　したがって、③で計算した㉒欄の金額を 50 円で除し、これに評価会社の 1 株当たりの資本金等の額を乗じて計算した金額を「1 株当たりの比準価額㉖」欄に記載します。

　　本設例では、「15,170」（151.7×1 株当たりの資本金等の額 5,000 円/50 円）を記載し

ます。

⑤ 類似業種比準価額の修正

　類似業種比準価額の算定に当たって、直前期末から課税時期までの間に評価会社において配当金の交付の効力が生じた場合には、類似業種比準価額を配当落の価額に修正します。また、増資等により、課税時期までに株式の割当てに係る払込期日の経過又は無償交付の効力が生じている場合にも、増資後の価額に修正する必要があります。

ケーススタディ　類似業種比準価額の修正

【設例】

　前問のＥ社が、課税時期までに次の決議を行っており、その効力が生じている場合の類似業種比準価額の修正と、評価明細書の記載方法を教えてください。

【配当金の交付に関する決議】

１株当たりの配当金額　500 円

【新株発行（株主割当）に関する決議】

株主に割り当てる株数　１株につき 0.5 株
新株式１株当たりの払込金額　5,000 円

【解説】

　Ｅ社の修正後比準価額は、11,446 円となります。

　類似業種比準価額の修正過程は次のとおりです。

① 直前期末の翌日から課税時期までの間に配当金交付の効力が発生した場合の修正

【計算式】

$$\text{修正比準価額} = \frac{\text{類似業種比準方式によって計算した}}{\text{金額－株式１株当たりの配当金額}} - \frac{\text{株式１株当た}}{\text{りの配当金額}}$$

　したがって、Ｅ社の類似業種比準価額は次のとおりです。

　修正比準価額＝14,670 円（15,170 円－500 円）

② 直前期末の翌日から課税時期までの間に、新株式の割当てに関する払込期日が経過している場合の修正

【計算式】

$$\text{修正比準価額} = \left(\begin{array}{c} \text{類似業種比準方式によっ} \\ \text{て計算した金額（配当落} \\ \text{の修正がある場合は、そ} \\ \text{の修正後の金額）} \end{array} + \begin{array}{c} \text{割当株式１} \\ \text{株当たりの} \\ \text{払込金額} \end{array} \times \begin{array}{c} \text{１株当た} \\ \text{りの割当} \\ \text{て株式数} \end{array} \right) \div \left(1 + \begin{array}{c} \text{１株当た} \\ \text{りの割当} \\ \text{株式数} \end{array} \right)$$

したがって、Ｅ社の類似業種比準価額の修正は次のとおりです。

修正比準価額＝11,446円（（14,670円＋0.5×5,000円）÷（1＋0.5））

【評価明細書第４表の記載例】

価 A $\begin{pmatrix}㋜, ㋛, ㋝, ㋐及び㋟の\\うち最も低いもの\end{pmatrix}$ ⑳ 円 算 比　準　301 割　合	$\dfrac{\frac{㋐}{B}+\frac{㋑}{C}+\frac{㋒}{D}}{3}$ ＝ ㉑ 0.72	㉒ 円 151 銭 7₀

区　分	１株(50円)当たり の　年　配　当　金　額	１株(50円)当たり の　年　利　益　金　額	１株(50円)当たり の　純　資　産　価　額	１株(50円)当たりの 比　準　価　額
評価会社	㋐ 円 銭 0	㋑ 円	㋒ 円	㉓ × ㉔ × 0.7
類似業種 B	円 銭 0	C 円	D 円	※ $\begin{pmatrix}中会社は0.6\\小会社は0.5\\とします。\end{pmatrix}$
要素別 比準割合	$\frac{㋐}{B}$	$\frac{㋑}{C}$	$\frac{㋒}{D}$	
比　準 割　合	$\dfrac{\frac{㋐}{B}+\frac{㋑}{C}+\frac{㋒}{D}}{3}$ ＝ ㉔ .		㉕ 円 銭 0

１株当たりの比準価額	比準価額(㉒と㉕) とのいずれか低い方) 151円 7₀銭 × ④の金額 5,000円 ／ 50円	㉖ 15,170	
直前期末の翌日から課税時期ま での間に配当金交付の効力が発 生した場合	比準価額(㉖) 15,170 円 － 500 円 銭	１株当たりの 配当金額	修正比準価額 ㉗ 14,670 円
直前期末の翌日から課税時期ま での間に株式の割当て等の効力 が発生した場合	比準価額(㉖) (㉗があるときは㉗) (14,670 円＋ 5,000 円 銭× 0.5 株)	割当株式1株当 たりの払込金額 1株当たりの割 当株式数 ÷ (1株＋ 0.5 株)	1株当たりの割当株 式数又は交付株式数 修正比準価額 ㉘ 11,446 円

7 純資産価額方式

（1） 純資産価額方式の基本的な考え方

① 純資産価額方式

　純資産価額方式とは、評価会社の課税時期における各資産の相続税評価額から各負債の金額の合計額及び評価差額に対する法人税等相当額を控除した金額を発行済み株式数で除して1株当たりの価額を算出する評価方式をいいます。

　具体的な計算式は次のとおりとなります。

（計算式）

（注1）評価差額に対する法人税等相当額

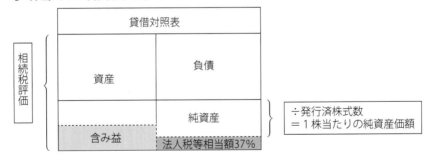

（注2）
　平成28年4月1日以後の相続については、37％になりますが、同日前については、38％が適用されます。

【1株当たりの純資産価額】

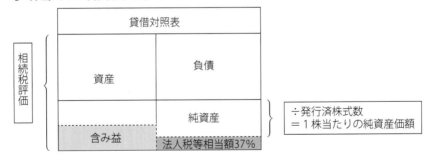

② 課税時期

　課税時期とは、相続又は贈与があった日をいいます。課税時期が事業年度の途中である場合には、原則として課税時期において仮決算したものとして各資産の相続税評価額を計算します。

　ただし、評価会社の直前期末から課税時期までの間に資産及び負債について、著しく増減がな

120

いため、評価額の計算に影響が少ないと認められる場合には、直前期末の資産及び負債を対象として、相続税評価額により計算することも差し支えないこととされています。

ケーススタディ　課税時期が直前期末より直後期末に近い場合

【設例】

　純資産価額方式で計算する場合に、課税上弊害がなければ、直前期末の資産及び負債をもとに評価しますが、次の図のように課税時期（2月末）が直後期末（3月末）に近い場合は、どのように評価しますか。課税時期から直後期末までの間に資産及び負債の著しい増減はありません。

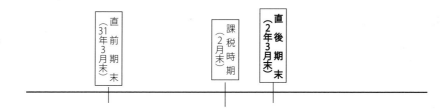

【回答】

　純資産価額方式については、直後期末の資産及び負債をもとに評価することができるものと考えます。

【解説】

　課税時期が直後期末に非常に近く、課税時期から直後期末までの間に著しい増減がない場合には、直後期末の資産及び負債をもとに評価することができるものとされています。

　本事例のケースでは、課税時期から直後期末までが1か月と極めて近く、資産及び負債の著しい増減もないため、直後期末の資産及び負債をもとに評価できるものと考えられます。

（2）　純資産価額方式の評価の流れ

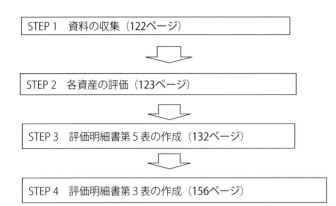

STEP 1　資料の収集（122ページ）

STEP 2　各資産の評価（123ページ）

STEP 3　評価明細書第 5 表の作成（132ページ）

STEP 4　評価明細書第 3 表の作成（156ページ）

（3）　STEP1　資料の収集

　評価会社の純資産価額の評価にあたっては、各勘定科目ごとの資料を準備しますが、主要なものとしては、次の資料になります。

項目	資料名	請求先	留意点
評価会社の概要、資産及び負債全般	登記事項証明書	法務局	株主や役員の状況を把握します。
	法人税、地方税、消費税申告書等	評価会社	原則として直近 3 年分が必要になります。
	決算書（貸借対照表、損益計算書等）	評価会社	
	内訳明細書	評価会社	
預貯金	残高証明書、既経過利子のわかる資料	銀行などの金融機関	普通預金などについては少額などで課税上弊害がなければ必要ありません。
売掛金、未収入金	回収できないものがある場合には、その内容がわかる資料	評価会社	
貸付金	既経過利息のわかる資料（契約書等）	評価会社	
前払費用、保険積立金	保険料の前払いがある場合には保険の解約返戻金の資料、保険証券など	保険会社	
土地	路線価図	国税庁ホームページ	
	公図、測量図、住宅地図	法務局等	

	登記事項証明書、賃貸借契約書など	法務局、評価会社	
借地権	賃貸借契約書	評価会社	
建物	登記事項証明書、賃貸借契約書	法務局、評価会社	
	固定資産税評価証明書、課税明細書	市役所、都税事務所、評価会社	
有 価 証 券（注）	株式の明細（銘柄の種類や株数の残高のわかる資料）	証券会社、評価会社	
	配当金支払通知書	証券会社、評価会社	
ゴルフ会員権	会員権の証書	評価会社	
未納固定資産税	固定資産税課税明細書	市役所、都税事務所、評価会社	
未払退職金	被相続人の死亡した際の退職金の明細	評価会社	

（注）子会社株式について

　有価証券の中に、子会社株式などの取引相場のない株式がある場合には、子会社株式などについても上記と同様に、各資産及び各負債についての同様の資料を用意する必要があります。

　子会社株式がある場合には、資料の収集をするのに時間を要しますので、余裕をもったスケジュールを組むのが望ましいです。

（4）　STEP2　各資産の評価

　主要な各勘定科目ごとの相続税評価額は次のとおりとなります。

勘定科目	細目	相続税評価額	留意点
預貯金		預入高＋既経過利子－源泉所得税などの額	定期預金以外で既経過利子の金額が少額のものについては、預入高により評価します（評基通203）。
貸付金、売掛金、未収入金、仮払金など		元本の金額＋既経過利息	回収不可能な金額がある場合には、元本の価額から控除した金額とします（評基通204）。
保険積立金		解約返戻金の額	
土地、借地権	自用地	路線価×画地調整×面積	
		固定資産税評価額×倍率	

	借地権	自用地評価額×借地権割合	借地権割合は地域により異なります。
	貸宅地	自用地評価額−借地権評価額	
	貸家建付地	自用地評価額−(借地権評価額×借家権割合×賃貸割合)	借家権割合は全国一律30％となっています。
	課税時期以前3年以内に取得した土地等	通常の取引価額	課税上弊害がなければ、帳簿価額で評価することができます。
建物	自用家屋	固定資産税評価額	
	貸家	自用家屋評価額×(1−借家権割合×賃貸割合)	借家権割合は全国一律30％となっています。
構築物、建物附属設備	門、塀等の設備	(再建築価額−課税時期までの償却費などの額)×0.7	償却費の償却方法は定率法で計算します(評基通92)。
	建物附属設備	(再建築価額−課税時期までの償却費などの額)×0.7	電気設備、ガス設備等で家屋と構造上一体となっているものについては、家屋に含めて評価します(評基通92)。
有価証券	上場株式	課税時期の最終価格、課税時期の属する月、前月、前々月の月平均額のうちいずれか低い金額	
ゴルフ会員権	取引相場のある会員権	通常の取引価額×70％+取引価格に含まれない預託金等	
車両運搬具		売買実例価額、精通者意見価格等	売買実例価額等が明らかでない場合は、新品の小売価額から経過年数に応じた償却費の額を控除した金額とします。

(5) 主要な資産の評価方法

① 預貯金の評価

　預貯金の評価は、次のとおり評価します。普通預金などの定期預金以外の預金については、既経過利子の金額が少額である場合には、評価の計算に含めないこととされています(評基通203)。

$$\boxed{預入高} + \boxed{既経過利子の額} - \boxed{源泉所得税相当額} = \boxed{評価額}$$

　既経過利子とは、預貯金をその時点で解約した時に支払われる利息をいい、解約した際の利率を適用して計算します。金融機関に依頼すれば、経過利息計算書を発行してもらうこともできます。

<table>
<tr><td colspan="10" align="center">経過利息計算書</td></tr>
<tr><td colspan="10" align="right">令和　　年　　月　　日</td></tr>
<tr><td colspan="10">ご名義ご預金の令和　　年　　月　　日を基準日とした経過利息は下記のとおりです。</td></tr>
<tr><td colspan="10" align="center">記</td></tr>
<tr><td>預金種類</td><td>口座番号</td><td>預金番号</td><td>元金</td><td>預入日</td><td>適用利率</td><td>経過利息</td><td>国税</td><td>税引後利息</td><td>備考</td></tr>
<tr><td>定期預金</td><td></td><td>026</td><td>5,001,996 円</td><td>R1.9.30</td><td>0.001 %</td><td>21 円</td><td>3 円</td><td>18 円</td><td></td></tr>
<tr><td></td><td></td><td></td><td></td><td></td><td></td><td></td><td></td><td></td><td></td></tr>
</table>

②　貸付金債権の評価

貸付金、売掛金、未収入金、預け金（預貯金以外）、仮払金、その他これらに類するものについては、次のとおり評価します（評基通204）。

$$\boxed{元本の価額} + \boxed{既経過利息の額} = \boxed{評価額}$$

なお、貸付金債権等の評価を行う場合において、その債権金額の全部又は一部が、課税時期において、一定の事由が発生しているときその他その回収が不可能又は著しく困難であると見込まれるときにおいては、それらの金額は元本の価額に算入しないこととされています（評基通205）。

③　受取手形の評価

受取手形については、次のとおり評価します。

⑴　支払期限の到来している受取手形等又は課税時期から 6 か月を経過する日までの間に支払期限の到来する受取手形等の価額は、その券面額によって評価します。

⑵　⑴以外の受取手形等については、課税時期において銀行等の金融機関において割引を行った場合に回収し得ると認める金額によって評価します。

④　宅地の評価

宅地の評価方法には、路線価方式と倍率方式があります。

イ　路線価方式

路線価方式は、路線価が定められている地域の評価方法で、路線価とは、路線（道路）に面する標準的な宅地の 1 平方メートル当たりの価額をいいます。

路線価は、国税庁ホームページ【www.rosenka.nta.go.jp】の路線価図で確認することができます。路線価は千円単位で表示されています。

宅地の価額は、原則として、路線価をその宅地の形状等に応じた調整率で補正した後、その宅地の面積を掛けて計算します。自用地（他人に賃貸していない土地）の評価額は次のとおり評価します。

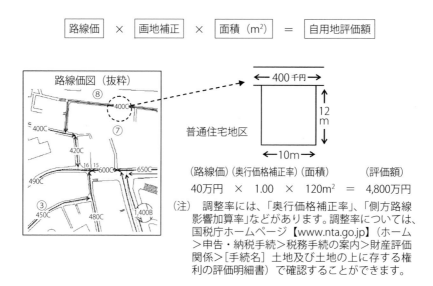

$$\boxed{路線価} \times \boxed{画地補正} \times \boxed{面積（m^2）} = \boxed{自用地評価額}$$

路線価図（抜粋）

⑧

400C

400C

420C

490C

16 15

600C

650C

450C

480C

1,400B

③

普通住宅地区

400 千円

12 m

10m

（路線価）（奥行価格補正率）（面積）　（評価額）

40万円　×　1.00　×　120m² ＝　4,800万円

（注）　調整率には、「奥行価格補正率」、「側方路線影響加算率」などがあります。調整率については、国税庁ホームページ【www.nta.go.jp】（ホーム＞申告・納税手続＞税務手続の案内＞財産評価関係＞［手続名］土地及び土地の上に存する権利の評価明細書）で確認することができます。

ロ　倍率方式

　倍率方式は路線価が定められていない地域の評価方法で、宅地の価額は、原則として、その宅地の固定資産税評価額に一定の倍率を掛けて計算します。

　倍率は、国税庁ホームページ【www.rosenka.nta.go.jp】の評価倍率表の「一般の土地等用」で確認することができます。

$$\boxed{固定資産税評価額} \times \boxed{評価倍率} = \boxed{自用地評価額}$$

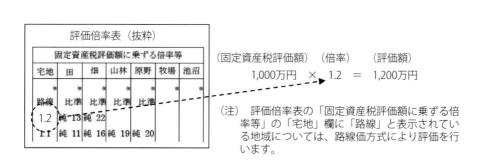

評価倍率表（抜粋）

固定資産税評価額に乗ずる倍率等						
宅地	田	畑	山林	原野	牧場	池沼
路線	比準	比準	比準	比準		
1.2	純13	純 22				
1.1	純 11	純 16	純 19	純 20		

（固定資産税評価額）　（倍率）　　（評価額）

1,000万円　× 1.2 ＝　1,200万円

（注）　評価倍率表の「固定資産税評価額に乗ずる倍率等」の「宅地」欄に「路線」と表示されている地域については、路線価方式により評価を行います。

⑤　借地権の評価

　借地権とは、他人の土地を建物利用などの目的で、地代を支払って借りることのできる権利です。借地権の価額は、借地権の目的となっている宅地が権利の付着していない自用地としての価額に借地権割合を乗じて計算し、一般的な借地権の価額は、次のとおり評価します（評基通 27）。

$$\boxed{自用地評価額} \times \boxed{借地権割合} = \boxed{借地権評価額}$$

借地権割合は、路線下図の路線価の隣に表示されている記号で確認できます。

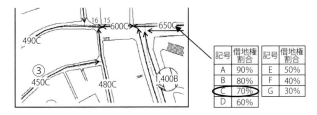

⑥　貸宅地の評価

　貸宅地とは、借地権など宅地の上に存する権利の目的となっている宅地をいいます。貸宅地の価額は、その宅地の上に存する権利の区分に応じて次のとおり評価します。

　なお、借地権の取引慣行がないと認められる地域にある借地権の目的となっている宅地の価額は、次の算式の借地権割合を20％として計算します（評基通25（1））。

$$\boxed{\text{自用地評価額}} \times \left(\boxed{\text{1－借地権割合}}\right) = \boxed{\text{貸宅地評価額}}$$

⑦　貸家建付地の評価

　貸家建付地とは、貸家の目的とされている宅地、すなわち、所有する土地に建築した家屋を他に貸し付けている場合のその土地のことをいいます。

　貸家建付地の価額は、次のとおり評価します（評基通26）。

$$\boxed{\text{自用地評価額}} - \left(\boxed{\text{自用地評価額}} \times \boxed{\text{借地権割合}} \times \boxed{\text{借家権割合}} \times \boxed{\text{賃貸割合}}\right)$$
$$= \boxed{\text{貸家建付地評価額}}$$

　借家権割合は、全国一律30％（令和2年現在）とされています。

⑧　自用家屋の評価

　家屋は原則的に固定資産税評価額に1.0倍して評価します。したがって、自用家屋（賃貸せず自社で利用している家屋）の評価額は、固定資産税評価額と同じで、次のとおり評価します（評基通89）。

$$\boxed{\text{固定資産税評価額}} \times 1.0 = \boxed{\text{自用家屋の評価額}}$$

⑨　貸家の評価

　賃貸されている貸家については、次のとおり評価します（評基通93）。

$$\boxed{\text{固定資産税評価額}} \times \left(\text{1－} \boxed{\text{借家権割合}} \times \boxed{\text{賃貸割合}}\right) = \boxed{\text{貸家評価額}}$$

　なお、建設中の家屋の評価は、課税時期までに投下された費用現価の額に0.7を乗じて計算し

ます（評基通91）。

⑩ 地積規模の大きな宅地の評価

地積規模の大きな宅地とは、三大都市圏において500 m² 以上（三大都市圏以外は1,000 m² 以上）の地積の宅地をいいます。

次のいずれかに該当する宅地は地積規模の大きな宅地から除かれます。

(イ) 市街化調整区域（一定の開発行為ができる区域を除く）に所在する宅地

(ロ) 都市計画法の用途地域が工業専用地域に指定されている地域に所在する宅地

(ハ) 指定容積率が400 ％（東京都の特別区域においては300 ％）以上の地域に所在する宅地

(ニ) 財産評価基本通達22-2に定める大規模工場用地

平成29年以前にあった広大地の評価制度は廃止になり、地積規模の大きな宅地の評価は課税時期が平成30年1月1日以降の場合に適用されます。

路線価地域に所在する場合の地積規模の大きな宅地の価額は次の通り評価します（評基通20-2）。

$$
路線価 \times \begin{array}{c}奥行価格\\補正率\end{array} \times \begin{array}{c}不整形地補正率など\\の各種画地補正率\end{array} \times 規模格差補正率 \times 地積（m²） = 評価額
$$

（注）規模格差補正率

規模格差補正率は次の算式により計算します（小数点以下第2位未満切り捨て）。

$$
規模格差補正率 = \frac{Ⓐ \times Ⓑ + Ⓒ}{地積規模の大きな宅地の地積（Ⓐ）} \times 0.8
$$

上記算式中の「Ⓑ」及び「Ⓒ」は地積規模の大きな宅地の所在する地域に応じて、それぞれ次に掲げる表の通りです。

イ 三大都市圏に所在する宅地

地積	普通商業・併用住宅地区、普通住宅地区	普通商業・併用住宅地区、普通住宅地区
	Ⓑ	Ⓒ
500 m² 以上1,000 m² 未満	0.95	25
1,000 m² 以上3,000 m² 未満	0.90	75
3,000 m² 以上5,000 m² 未満	0.85	225
5,000 m² 以上	0.80	475

ロ　三大都市圏以外の地域に所在する宅地

地積	普通商業・併用住宅地区、普通住宅地区	普通商業・併用住宅地区、普通住宅地区
	Ⓑ	Ⓒ
1,000 m² 以上 3,000 m² 未満	0.90	100
3,000 m² 以上 5,000 m² 未満	0.85	250
5,000 m² 以上	0.80	500

⑪　上場株式の評価

　上場株式とは、金融商品取引所に上場されている株式をいいます。

　上場株式は、その株式が上場されている金融商品取引所が公表する課税時期（相続の場合は被相続人の死亡の日、贈与の場合は贈与により財産を取得した日）の最終価格によって評価します。

　ただし、課税時期の最終価格が、次の三つの価額のうち最も低い価額を超える場合は、その最も低い価額により評価します（評基通 168（1）、評基通 169）。

課税時期の最終価格（終値）	
課税時期の属する月の毎日の最終価格（終値）の月平均額	最も低い価額
課税時期の属する月の前月の毎日の最終価格（終値）の月平均額	
課税時期の属する月の前々月の毎日の最終価格（終値）の月平均額	

　なお、上場株式の評価にあたっては、次の「上場株式の評価明細書」に記載することになります。

上 場 株 式 の 評 価 明 細 書

銘　　柄	取引所等の名称	課税時期の最終価格		最終価格の月平均額			評価額 ①の金額又は①から④までのうち最も低い金額	増資による権利落等の修正計算その他の参考事項
		月日	① 価額	② 課税時期の属する月 4月	③ 課税時期の属する月の前月 3月	④ 課税時期の属する月の前々月 2月		
A社	東1	5・31	円 525	円 535	円 545	円 565	円 525	
B社	名1	5・31	1,252	1,191	1,282	1,131	1,131	

記載方法等

1　「取引所等の名称」欄には、課税時期の最終価格等について採用した金融商品取引所名及び市場名を、例えば、東京証券取引所の市場第1部の最終価格等を採用した場合には、「東1」と記載します。

2　「課税時期の最終価格」の「月日」欄には、課税時期を記載します。ただし、課税時期に取引がない場合等には、課税時期の最終価格として採用した最終価格についての取引月日を記載します。

3　「最終価格の月平均額」の「②」欄、「③」欄及び「④」欄には、それぞれの月の最終価格の月平均額を記載します。ただし、最終価格の月平均額について増資による権利落等の修正計算を必要とする場合には、修正計算後の最終価格の月平均額を記載するとともに、修正計算前の最終価格の月平均額をかっこ書きします。

4　「評価額」欄には、負担付贈与又は個人間の対価を伴う取引により取得した場合には、「①」欄の金額を、その他の場合には、「①」欄から「④」欄までのうち最も低い金額を記載します。

5　各欄の金額は、各欄の表示単位未満の端数を切り捨てます。

⑫　ゴルフ会員権の評価

　ゴルフ会員権の評価方法は、取引相場があるものとないものに区分して次のとおり評価します（評基通211）。

イ　取引相場のある会員権

$$\boxed{通常の取引価格} \times 70\% + \boxed{取引価格に含まれない預託金等} = \boxed{評価額}$$

　この場合において、取引価格に含まれない預託金等があるときは、次に掲げる金額との合計額によって評価します。

㈵　課税時期において直ちに返還を受けることができる預託金等

　　ゴルフクラブの規約などに基づいて課税時期において返還を受けることができる金額

㈪　課税時期から一定の期間を経過した後に返還を受けることができる預託金等

　　ゴルフクラブの規約などに基づいて返還を受けることができる金額の課税時期から返還を受けることができる日までの期間（その期間が1年未満であるとき又はその期間に1年未満の端数があるときは、これを1年とします）に応ずる基準年利率による複利現価の額

ロ　取引相場のない会員権の評価

(イ)　預託金制会員権

$$\boxed{\text{預託金等の額}_{(注1)}} \quad = \quad \boxed{\text{評価額}}$$

（注 1）返還を受ける預託金等について、返還時期に応じて(イ)の「取引価格に含まれない預託金等」と同様の方法により評価します。

(ロ)　株式制会員権

$$\boxed{\text{株式の価額}_{(注2)}} \quad = \quad \boxed{\text{評価額}}$$

（注 2）取引相場のない株式の評価方法と同様の方法により評価します。

⑬　営業権の評価

営業権の評価方法は、次の算式により計算した金額により評価します（評基通 165、166）。

超過利益金額　×　営業権の持続年数（原則として 10 年）に応ずる　＝　営業権の価額 　　　　　　　　　　基準年利率による複利年金現価率 超過利益金額　＝　平均利益額　×　0.5　－　標準企業者報酬　－　総資産価額×　0.05

イ　平均利益額

　課税時期の属する年の前年以前 3 年間（法人にあっては、課税時期の直前期末以前 3 年間）における所得の金額の合計額の 3 分の 1 に相当する金額（その金額が課税時期の属する年の前年（法人にあっては課税時期の直前期末以前 1 年間）の所得の金額を越える場合には、課税時期の属する年の前年の所得の金額とします）。この場合の所得の金額は、事業所得の金額とし、その所得の金額の計算の基礎に次に掲げる金額が含まれていたときは、これらの金額は、いずれもなかったものとみなして計算した場合の所得の金額とします。

(イ)　非経常的な損益の額

(ロ)　借入金等に対する支払利子の額及び社債発行差金の償却費の額

(ハ)　青色事業専従者給与額又は事業専従者控除額（法人にあっては、損金に算入された金額と役員給与の額）

ロ　標準企業者報酬額

　標準企業者報酬額は、次に掲げる平均利益額の区分に応じ、次に掲げる算式により、計算した金額とします。

平均利益金額の区分	標準企業者報酬額
1 億円以下	平均利益額×0.3＋1,000 万円
1 億円超　3 億円以下	平均利益額×0.2＋2,000 万円
3 億円超　5 億円以下	平均利益額×0.1＋5,000 万円
5 億円超	平均利益額×0.05＋7,500 万円

ハ　総資産価額

　総資産価額は、評価通達の定めるところにより評価した課税時期（法人にあっては、課税時期直前に終了した事業年度の末日とします）における企業の総資産価額となります。

ニ　計算例　平均利益額が 8,000 万円、総資産価額 1 億円の場合

8,000 万円×0.5－（8,000 万円×0.3＋1,000 万円）－（1 億円×0.05）＝超過利益（100 万円）

（6）　STEP3　評価明細書第 5 表の作成

①　純資産価額方式の評価の留意点

イ　直前期末で評価する場合の取扱い

　純資産価額方式で評価する場合に、課税時期で仮決算せず、直前期末の資産及び負債をもとに評価する場合は、次の点に注意する必要があります。

　㈑　「相続税評価額」については、直前期末の資産及び負債を対象とし、課税時期に適用されるべき財産評価基準を適用して計算した金額となります。

　　例えば、直前期末が平成 31 年 3 月 31 日で、課税時期が令和 2 年 1 月 31 日の場合に、平成 31 年 3 月 31 日現在の土地の評価にあたっては、令和 2 年分の路線価をもとに計算することになります。

　㈠　「帳簿価額」については、直前期末の資産及び負債の帳簿価額になります。

　上記㈑及び㈠の場合において、直前期末の帳簿価額に負債としての記載がない場合であっても、次の金額は負債として取り扱います。

・　未納公租公課、未払利息等の金額
・　直前期末日以前に賦課期日のあった固定資産税及び都市計画税の税額のうち、未払いとなっている金額
・　直前期末日後から課税時期までに確定した剰余金の配当等の金額
・　被相続人の死亡により、相続人その他の者に支給することが確定した退職手当金、功労金その他これらに準ずる給与の金額

ロ　同族株主等の保有議決権割合が 50 ％以下の場合の特例

　議決権割合の 50 ％以下である同族関係者グループに属する株主（同族株主がいない会社の株主のうち 15 ％以上の議決権割合を有する同族関係者に属する株主を含みます）の取得した株式を純資産価額方式で計算する場合には、算定された純資産価額から 20 ％の評価減をすることができるとされています（評基通 185 ただし書）。

　なお、この特例は、次の場合については適用されません。

　(イ)　大会社の株式評価を純資産価額で評価する場合

　(ロ)　中会社の株式評価のうち類似業種比準価額に代えて純資産価額により評価した部分

　(ハ)　株式等保有特定会社の株式を評価する場合における特例的評価方式である S_1 の金額及び S_2 の金額の算定に際して適用される純資産価額部分の計算

　(ニ)　開業前又は休業中の会社の株式を評価する場合

　(ホ)　医療法人の出資を評価する場合

　(ヘ)　企業組合等の出資を評価する場合

ハ　相続税評価額によって計算した金額

　総資産価額（相続税評価額によって計算した金額）は、課税時期における評価会社の各資産を評価通達の定めによって評価した価額（相続税評価額）によることになっています。

　この場合における評価会社の各資産は、原則として個人の事業用資産と同様の評価方法によって評価することになりますので、帳簿に資産として計上されていないものであっても、相続税法上の課税財産に該当するもの、例えば、無償で取得した借地権、特許権や営業権等がある場合これらを評価通達の定めるところにより評価しなければなりません。

　また、一方、前払費用や繰延資産等で財産性のないものについては、たとえ帳簿価額があるものであってもこれらは評価の対象にしないことになっています。

ニ　帳簿価額

　総資産価額（帳簿価額によって計算した金額）は、前述ハの総資産価額（相続税評価額によって計算した金額）の計算の基礎とした評価会社の各資産の帳簿価額の合計額によることになっています。

　この場合における帳簿価額とは、会計上の帳簿価額ではなく、法人税法の規定に基づく税務調整を行った後の帳簿価額を記載します。

　帳簿価額の記載にあたっては、次の点に留意して記載することになります。

　(イ)　固定資産の帳簿価額は、その資産の取得価額から減価償却累計額及び特別償却準備金を控除した後の金額になります。

　(ロ)　減価償却超過額のある減価償却資産については、その資産の課税時期における帳簿価額に

その減価償却超過額に相当する金額を加算した金額によるなど、税務計算上の帳簿価額によることになります。

㈑　固定資産で圧縮記帳に係る引当金又は積立金が設けられているものの帳簿価額は、その資産の帳簿価額から圧縮記帳に係る引当金又は積立金を控除した後の金額となります。

㈓　財産性のない前払費用、繰延資産、繰延税金資産など評価対象にならない資産については、帳簿価額に計上しないことになります。

㈔　被相続人の死亡を保険事故として、評価会社が受けとった生命保険金については、生命保険金請求権として、相続税評価額及び帳簿価額に計上することになります。

ホ　課税時期前3年以内に取得した土地等

1株当たりの純資産価額（相続税評価額によって計算した金額）の算定にあたり、評価会社が課税時期前3年以内に取得又は新築した土地及び土地の上に存する権利（以下「土地等」という）並びに家屋及びその附属設備又は構築物（以下「家屋等」という）の価額は、課税時期における通常の取引価額に相当する金額によって評価するものとします。

土地等又は当該家屋等に係る帳簿価額が課税時期における通常の取引価額に相当すると認められる場合には、当該帳簿価額に相当する金額によって評価することができるものとします（評基通185）。

なお、通常の取引価格に相当すると認められるとされているため、圧縮記帳などの特例が適用されている場合には、通常の計算に引き直して計算をする必要があります。

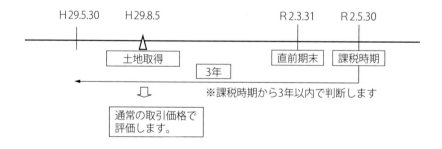

ケーススタディ　課税時期前 3 年以内に取得した建物で賃貸している場合

【設例】

　課税時期前 3 年以内に取得した賃貸ビルに、賃借人が存在する場合は、通常の取引価格で評価することになりますが、貸家建付地及び借家権の割合を控除して評価することができますか。

【回答】

　賃借人付で取得した賃貸ビルの場合は、貸家建付地及び借家権の割合を控除せず、通常の取引価格を計算します。

【解説】

　評価会社が課税時期前 3 年以内に取得等した土地等及び建物等を取得後、賃貸の用に供した場合には、その土地等及び建物等の課税時期における通常の取引価額を基礎として評価通達 26 《貸家建付地の評価》及び評価通達 93 《貸家の評価》に定める評価方法に準じて評価することとなります。

　ただし、本事例のように賃貸ビルに賃借人が存在する場合、つまり取得時から貸家建付地であった場合には、上記の取扱いはなく、貸家建付地及び借家権の割合を控除せず、通常の取引価格を計算することになります。

ヘ　無償返還届出書を提出している場合の評価

　被相続人が同族関係者となっている同族会社が「無償返還届出書」を提出して被相続人の土地を借り受けている（使用貸借を除く）場合があります。この場合の純資産価額方式の評価の計算上、借地権の評価額は自用地としての評価額の 20 ％相当額となります。

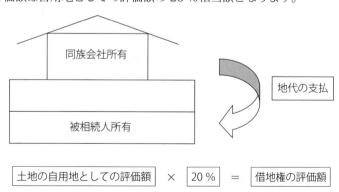

なお、借地権の設定されている土地について、法人税の取扱いによる無償返還届出書が提出されている場合の価額は、その土地の自用地としての価額の100分の80に相当する金額によって評価します。

$$\boxed{\text{土地の自用地としての評価額}} \times \boxed{80\%} = \boxed{\text{貸宅地の評価額}}$$

　これは、無償返還届出書が提出されている土地についても、借地借家法等の制約を受けること及びその土地が相続等のときに無償返還されるわけではないことを考えれば、現在、借地権の取引慣行がない地域についても、20％の借地権相当額の控除を認めていることから、その土地に係る貸宅地の評価についても20％を控除することが適当であるという考え方によるものです。

　ただし、無償返還届出書が提出されている場合であっても、その貸借が使用貸借である場合には、その土地の貸宅地の価額は、自用地としての価額により評価することになります。

ト　前払費用の取扱い

　保険料、賃借料等の前払費用を資産に計上すべきか否かの判断は、課税時期においてこれらの費用に財産的価値があるかどうかによって判断します。例えば、その前払費用を支出する原因となった契約を課税時期において解約したとする場合に返還される金額があるときには、その前払費用に財産的価値があると考えられるので、資産に計上することになります。

　なお、評価明細書第5表の記載では、評価の対象とならない財産性のない前払費用については、「帳簿価額」欄にも計上しないことになります。

チ　繰延資産

　繰延資産については、個々に財産的価値の有無を判断して資産に計上すべきか否かを判断することになりますが、例えば、創立費、株式交付費などについては、財産的価値がないとされるため、相続税評価額はゼロとなります。

　なお、評価明細書第5表の記載では、財産的価値のない繰延資産については、「帳簿価額」欄についても計上しないことになります。

リ　生命保険契約に関する権利

　1株当たりの純資産価額（相続税評価額によって計算した金額）を計算する場合に、評価会社が保険契約者となっている生命保険契約は、生命保険契約に関する権利として「生命保険契約に関する権利の評価」（評基通214）の定めにより評価します。

【生命保険契約に関する権利の評価】（評基通214）

　相続開始の時において、まだ保険事故（共済事故を含む。この項において同じ。）が発生していない生命保険契約に関する権利の価額は、相続開始の時において当該契約を解約するとした場合に支払われることとなる解約返戻金の額（解約返戻金のほかに支払われることとなる前納保険料の金額、剰余金の分配額等がある場合にはこれらの金額を加算し、解約返戻金の額につき源泉徴収されるべき所得税の額に相当する金額がある場合には当該金額を減算した金額）によって評価する。

（注1）本項の「生命保険契約」とは、相続税法第３条（相続又は遺贈により取得したものとみなす場合）第１項第１号に規定する生命保険契約をいい、当該生命保険契約には一定期間内に保険事故が発生しなかった場合において返還金その他これに準ずるものの支払がない生命保険契約は含まれないのであるから留意する。

（注2）被相続人が生命保険契約の契約者である場合において、当該生命保険契約の契約者に対する貸付金若しくは保険料の振替貸付けに係る貸付金又は未払込保険料の額（いずれもその元利合計金額とする。）があるときは、当該契約者貸付金等の額について相続税法第13条（債務控除）の適用があるのであるから留意する。

ケーススタディ　評価会社が受け取った生命保険金の取扱い

【設例】

　1株当たりの純資産価額（相続税評価額によって計算した金額）の計算に当たって、被相続人の死亡を保険事故として評価会社が受け取った生命保険金は、評価会社の資産に計上するのでしょうか。

　また、生命保険金から被相続人に係る死亡退職金を支払った場合には、その死亡退職金の額を負債に計上してよいでしょうか。

【回答】

　受け取った生命保険金の額を生命保険金請求権として資産に計上します。なお、その保険料（掛金）が資産に計上されているときは、その金額を資産から除外します。

　また、支払った死亡退職金の額及び保険差益に対する法人税額等を負債に計上します。

【解説】

①　被相続人の死亡を保険事故として、評価会社が受け取った生命保険金は、保険事故の発生によりその請求権が具体的に確定するものですから、生命保険金請求権として資産に計上することになります（「取引相場のない株式（出資）の評価明細書」の「第5表　1株当たりの純資産価額（相続税評価額）の計算明細書」の記載に当たっては、「相続税評価額」欄及び「帳簿価額」欄のいずれにも記載します）。この場合、その保険料が資産に計上されているときは、その金額を資産から除外します。

　また、その生命保険金を原資として被相続人に係る死亡退職金を支払った場合には、その支払退職金の額を負債に計上するとともに、支払退職金を控除した後の保険差益について課されることとなる法人税額等についても負債に計上します。

②　なお、評価会社が仮決算を行っていないため、課税時期の直前期末における資産及び負債を基として1株当たりの純資産価額（相続税評価額によって計算した金額）を計算する場合における保険差益に対応する法人税額等は、この保険差益によって課税所得金額が算出される場合のその課税所得の37％相当額によって差し支えありません。

ケーススタディ　売買目的で保有する有価証券の評価

【設例】

　1 株当たりの純資産価額（相続税評価額によって計算した金額）の計算に当たって、評価会社が売却することを目的として保有している上場株式は、財産評価基本通達第 6 章第 2 節（たな卸商品等）に定めるたな卸商品等として評価することになるのでしょうか。

【回答】

　財産評価基本通達 169（上場株式の評価）の定めにより評価します。

【解説】

財産評価基本通達においては、販売業者が販売することを目的として保有している財産で一定のもの（例えば、土地等、牛馬等、書画骨とう等）については、第 6 章第 2 節に定めるたな卸商品等の評価方法に準じて評価することを定めていますが、有価証券については、第 8 章第 1 節（株式及び出資）及び第 2 節（公社債）の定めにより評価することとしています。

　したがって、売買目的で保有する上場株式については、株式として財産評価基本通達 169（上場株式の評価）の定めにより評価することとなります。

ケーススタディ　外国株式の評価

【設例】

外国の証券取引所に上場されている株式はどのように評価するのでしょうか。

【回答】

財産評価基本通達に定める「上場株式」の評価方法に準じて評価します。

【解説】

　外国の証券取引所に上場されている株式は、国内における上場株式と同様に課税時期における客観的な交換価値が明らかとなっていますから、財産評価基本通達に定める「上場株式」の評価方法に準じて評価します。

(注) 原則として、課税時期における最終価格によります。ただし、その最終価格が課税時期の属する月以前3か月の最終価格の月平均額のうち最も低い価額を超える場合には、その最も低い価額によることができます。

　なお、邦貨換算については、原則として、納税義務者の取引金融機関が公表する課税時期における最終の為替相場（邦貨換算を行う場合の外国為替の売買相場のうち、いわゆる対顧客直物電信買相場又はこれに準ずる相場）によります。

ヌ　繰延税金資産、繰延税金負債

　税効果会計の適用により貸借対照表に計上される繰延税金資産は、将来の法人税等の支払いを減額する効果を有し、法人税等の前払額に相当するため、資産としての性格を有するものと考えられています。また、繰延税金負債は、将来の法人税等の支払いを増額する効果を有し、法人税等の未払額に相当するため、負債としての性格を有するものと考えられています。

　しかし、税法上では、繰延税金資産は、税金を還付請求できる権利があるわけではなく、財産的な価値があるわけでもありません。繰延税金負債は、繰延べられた法人税等の額を示すものであり、引当金と同様に確定債務であるとはいえません。

　したがって、純資産額の計算上、繰延税金資産及び繰延税金負債は、資産及び負債として計上しません。

　また、評価差額に対する法人税額等相当額を計算する場合の純資産価額（帳簿価額によって計算した金額）の計算においても、繰延税金資産及び繰延税金負債は計上しません。

ル　退職手当金等

　被相続人の死亡により相続人その他の者に支給することが確定した退職手当金、功労金その他これらに準ずる給与の金額は負債に計上されます。

　本来であれば、課税時期に確定していない退職手当金等は債務に計上すべきものではありませんが、退職手当金は被相続人の相続税の計算上、相続又は遺贈により取得したものとみなされ、相続税の課税価格に算入されることになるため、二重課税の排除から負債として相続税評価額及び帳簿価額に計上することになっています。

ヲ　葬式費用

　評価会社が社葬等により葬式費用を負担した場合は、相続開始に伴って発生した費用であること及び相続税の計算上控除することから、お寺、葬儀社、タクシー会社などへ支払った葬式費用（社葬費用、お通夜などに要した費用を含む）については、負債に計上することができます。ただし、密葬の費用など社会通念上明らかに個人の遺族が負担すべきであると認められる費用は、負債に計上することができません。

　なお、墓地などの購入費用、香典返しの費用、法要に要した費用などは、この葬式費用に含めることはできません。

ケーススタディ　弔意金の取扱い

【設例】

　1株当たりの純資産価額（相続税評価額によって計算した金額）の計算に当たって、被相続人の死亡に伴い評価会社が相続人に対して支払った弔慰金は負債として取り扱われますか。

【回答】

　退職手当金等に該当し、相続税の課税価格に算入されることとなる金額に限り、負債に該当するものとして取り扱われます。

【解説】

　被相続人の死亡に伴い評価会社が相続人に対して支払った弔慰金については、相続税法第3条（相続又は遺贈により取得したものとみなす場合）第1項第2号により退職手当金等に該当するものとして相続税の課税価格に算入されることとなる金額に限り、株式の評価上、負債として取り扱うとされています。

ワ　引当金及び準備金の取扱い

貸倒引当金、退職給与引当金（経過措置適用後の引当金を除く）、納税引当金その他の引当金及び準備金に相当する金額は負債に含まれないものとされています（評基通 186）。

このように引当金及び準備金を負債に含めないことにしているのは、被相続人の債務は、相続税法第 14 条の規定により確実な債務に限り債務控除の対象とし、これらの引当金及び準備金については、個人とのバランスを考慮して債務として取り扱わないこととされているので、負債に含めないこととされています。

【参考】退職給与引当金制度廃止後の退職給与引当金の取扱い

旧法人税法 54 条 2 項に規定する退職給与引当金制度は、平成 14 年 7 月の改正で廃止されましたが、激変緩和の観点から、引当金の取崩しを段階的に行う経過措置が設けられています。この場合、経過措置適用後の退職給与引当金勘定の残高については、旧法人税法第 54 条により計算された退職給与引当金勘定の取崩し残高であり、その期間中は退職給与引当金制度が実質的に存続していると考えられることから、純資産価額計算上の負債として取り扱って差し支えないとされています。

なお、「適格退職年金制度へ移行後の退職給与引当金の取扱い」では、退職給与引当金勘定の残高は負債として取り扱うことはできないこととされていますが、退職年金制度は、企業が外部の金融機関等に掛金を拠出することにより、将来の年金の支払義務は当該金融機関等が負うのに対し、退職一時金（退職給与引当金）制度は、企業が直接支払義務を負うために、その支払原資は企業内部に留保されるという違いがあることに留意する必要があります。

②　資産及び負債の金額の記載

STEP2 で各資産の相続税評価額の計算が完了したら、財産評価明細書第 5 表「1 株当たりの純資産価額（相続税評価額）の計算明細書」（以下「第 5 表」とします）の「1. 資産及び負債の金額（課税時期現在）」欄に転記します。

イ　資産・負債の帳簿価額の転記

決算書や内訳明細書から第 5 表の資産の部の各勘定科目の「帳簿価額」欄に転記します。

A 社

貸 借 対 照 表　　　　令和 2 年 3 月 31 日現在

資 産 の 部		負 債 の 部	
科　目	Ⓐ　金　額	科　目	金　額
	円		円
【流 動 資 産】	【　195,424,838】	【流 動 負 債】	【　69,583,548】
現 金 及 び 預 金	118,635,829	支 払 手 形	8,238,000
受 取 手 形	9,585,692	買 掛 金	4,525,122
売 掛 金	12,565,122	短 期 借 入 金	35,822,200
商 品	8,546,500	未 払 金	2,256,588
前 払 費 用	6,528,522	預 り 金	1,256,658
短 期 貸 付 金	30,000,000	未 払 法 人 税 等	7,855,560
未 払 入 金	8,582,520	未 払 配 当 金	2,585,000
繰 延 税 金 資 産	2,566,253	賞 与 引 当 金	4,678,565
貸 倒 引 当 金	△ 1,585,600	未 払 消 費 税 等	2,365,855
【固 定 資 産】	【　707,098,541】	【固 定 資 産】	【　114,422,507】
(有 形 固 定 資 産)	(　617,201,377)	土 地 圧 縮 引 当 金	30,000,000
建 物	265,658,200	長 期 繰 延 税 金 負 債	8,565,852
建 物 付 属 設 備	8,956,500	退 職 給 付 引 当 金	75,856,655
構 築 物	9,953,000		
機 械 装 置	7,855,000	負 債 の 部 合 計	184,006,055
工 具 器 具 備 品	5,585,000	純資産の部	
土 地	452,525,000		
減 価 償 却 累 計 額	△ 133,331,323	【株 主 資 本】	【　719,775,324】
(無 形 固 定 資 産)	(　200,000)	(資 本 金)	(　25,000,000)
電 話 加 入 権	200,000	資 本 金	25,000,000
(投資その他の資産)	(　89,697,164)	(資 本 剰 余 金)	(　2,500,000)
投 資 有 価 証 券	81,278,599	資 本 準 備 金	2,500,000
ゴ ル フ 会 員 権	5,850,000	(利 益 剰 余 金)	(　692,275,324)
長 期 繰 延 税 金 資 産	2,568,565	利 益 準 備 金	6,250,000
【繰 延 資 産】	【　1,258,000】	別 途 積 立 金	122,558,550
繰 延 資 産	1,258,000	繰 越 利 益 剰 余 金	563,466,774
		純 資 産 の 部 合 計	719,775,324
資 産 の 部 合 計	903,781,379	負債及び純資産の部合計	903,781,379

第5表　1株当たりの純資産価額（相続税評価額）の計算明細書　会社名　A社

1. 資産及び負債の金額（課税時期現在）

資 産 の 部				負 債 の 部			
科　　目	相続税評価額	帳簿価額	備考	科　　目	相続税評価額	帳簿価額	備考
	千円	千円			千円	千円	
現金及び預金	118,636	118,635		支払手形	8,238	8,238	
受取手形	9,385	9,585		買掛金	4,525	4,525	
売掛金	10,565	12,565		短期借入金	35,822	35,822	
商品	8,546	8,546		未払金	2,256	2,256	
短期貸付金	30,300	30,000		預り金	1,256	1,256	
未収入金	8,582	8,582		未払法人税等	7,855	7,855	
建物	185,652	116,808		未払配当金	2,585	2,585	
3年以内取得建物	33,256	33,256		未払消費税	2,365	2,365	
建物附属設備	4,430	3,690		未払退職金	80,000	80,000	
構築物	6,575	5,863		保険差益に対する法人税等	7,400	7,400	
機械装置	4,525	3,246					
工具器具備品	1,811	1,811					
土地	458,565	336,940					
3年以内取得土地	85,585	85,585					
電話加入権	7	200					
投資有価証券	65,258	81,278					
ゴルフ会員権	2,365	5,850					
借地権	265,556	0					
生命保険金請求権	100,000	100,000					
合　　計	① 1,399,599	② 962,440		合　　計	③ 152,302	④ 152,302	
株式等の価額の合計額	㋑ 65,258	㋺ 81,278					
土地等の価額の合計額	㋩ 724,121						
現物出資等受入れ資産の価額の合計額	㋥	㋭					

2. 評価差額に対する法人税額等相当額の計算

相続税評価額による純資産価額　（①−③）	⑤	1,247,297 千円
帳簿価額による純資産価額　（（②+㋩−㋭）−④）、マイナスの場合は0）	⑥	810,138 千円
評価差額に相当する金額　（⑤−⑥、マイナスの場合は0）	⑦	437,159 千円
評価差額に対する法人税額等相当額　（⑦×37%）	⑧	161,748 千円

3. 1株当たりの純資産価額の計算

課税時期現在の純資産価額（相続税評価額）　（⑤−⑧）	⑨	1,085,549 千円
課税時期現在の発行済株式数　（第1表の1の①）−自己株式数）	⑩	149,020 株
課税時期現在の1株当たりの純資産価額（相続税評価額）　（⑨÷⑩）	⑪	7,284 円
同族株主等の議決権割合（第1表の1の⑤の割合）が50% 以下の場合　（⑪×80%）	⑫	円

A社

貸 借 対 照 表　　　令和 2 年 3 月 31 日現在

資　産　の　部		負　債　の　部	
科　　目	金　　額	科　　目 Ⓑ	金　　額
	円		円
【流　動　負　債】	【　195,424,838】	【流　動　負　債】	【　69,583,548】
現 金 及 び 預 金	118,635,829	支　払　手　形	8,238,000
受　取　手　形	9,585,692	買　　掛　　金	4,525,122
売　　掛　　金	12,565,122	短　期　借　入　金	35,822,200
商　　　　品	8,546,500	未　　払　　金	2,256,588
前　払　費　用	6,528,522	預　　り　　金	1,256,658
短　期　貸　付　金	30,000,000	未 払 法 人 税 等	7,855,560
未　払　入　金	8,582,520	未　払　配　当　金	2,585,000
繰 延 税 金 資 産	2,566,253	賞　与　引　当　金	4,678,565
貸 倒 引 当 金	△ 1,585,600	未 払 消 費 税 等	2,365,855
【固　定　資　産】	【　707,098,541】	【固　定　資　産】	【　114,422,507】
（有 形 固 定 資 産）	（　617,201,377）	土 地 圧 縮 引 当 金	30,000,000
建　　　　物	265,658,200	長 期 繰 延 税 金 負 債	8,565,852
建 物 付 属 設 備	8,956,500	退 職 給 付 引 当 金	75,856,655
構　　築　　物	9,953,000		
機　械　装　置	7,855,000	負　債　の　部　合　計	184,006,055
工 具 器 具 備 品	5,585,000	純　資　産　の　部	
土　　　　地	452,525,000		
減 価 償 却 累 計 額	△ 133,331,323	【株　主　資　本】	【　719,775,324】
（無 形 固 定 資 産）	（　200,000）	（資　　本　　金）	（　25,000,000）
電　話　加　入　権	200,000	資　　本　　金	25,000,000
（投資その他の資産）	（　89,697,164）	（資 本 剰 余 金）	（　2,500,000）
投 資 有 価 証 券	81,278,599	資　本　準　備　金	2,500,000
ゴ ル フ 会 員 権	5,850,000	（利 益 剰 余 金）	（　692,275,324）
長 期 繰 延 税 金 資 産	2,568,565	利　益　準　備　金	6,250,000
【繰　延　資　産】	【　1,258,000】	別　途　積　立　金	122,558,550
繰　延　資　産	1,258,000	繰 越 利 益 剰 余 金	563,466,774
		純　資　産　の　部　合　計	719,775,324
資　産　の　部　合　計	903,781,379	負債及び純資産の部合計	903,781,379

第5表　1株当たりの純資産価額（相続税評価額）の計算明細書　会社名　A社

1. 資産及び負債の金額（課税時期現在）

資産の部				負債の部			
科目	相続税評価額	帳簿価額	備考	科目	相続税評価額	帳簿価額 Ⓑ	備考
	千円	千円				千円	
現金及び預金	118,636	118,635		支払手形	8,238	8,238	
受取手形	9,385	9,585		買掛金	4,525	4,525	
売掛金	10,565	12,565		短期借入金	35,822	35,822	
商品	8,546	8,546		未払金	2,256	2,256	
短期貸付金	30,300	30,000		預り金	1,256	1,256	
未収入金	8,582	8,582		未払法人税等	7,855	7,855	
建物	185,652	116,808		未払配当金	2,585	2,585	
3年以内取得建物	33,256	33,256		未払消費税	2,365	2,365	
建物附属設備	4,430	3,690		未払退職金	80,000	80,000	
構築物	6,575	5,863		保険差益に対する法人税等	7,400	7,400	
機械装置	4,525	3,246					
工具器具備品	1,811	1,811					
土地	458,565	336,940					
3年以内取得土地	85,585	85,585					
電話加入権	7	200					
投資有価証券	65,258	81,278					
ゴルフ会員権	2,365	5,850					
借地権	265,556	0					
生命保険金請求権	100,000	100,000					
合計	① 1,399,599	② 962,440		合計	③ 152,302	④ 152,302	
株式等の価額の合計額	㋑ 65,258	㋺ 81,278					
土地等の価額の合計額	㋩ 724,121						
現物出資等受入れ資産の価額の合計額	㊁	㊂					

2. 評価差額に対する法人税額等相当額の計算

相続税評価額による純資産価額 （①−③）	⑤	1,247,297	千円
帳簿価額による純資産価額 （（②+㊁−㊂）−④）、マイナスの場合は0	⑥	810,138	千円
評価差額に相当する金額 （⑤−⑥、マイナスの場合は0）	⑦	437,159	千円
評価差額に対する法人税額等相当額 （⑦×37%）	⑧	161,748	千円

3. 1株当たりの純資産価額の計算

課税時期現在の純資産価額 （相続税評価額） （⑤−⑧）	⑨	1,085,549	千円
課税時期現在の発行済株式数 （第1表の1の①）−自己株式数）	⑩	149,020	株
課税時期現在の1株当たりの純資産価額 （相続税評価額） （⑨÷⑩）	⑪	7,284	円
同族株主等の議決権割合（第1表の1の⑤の割合）が50%以下の場合 （⑪×80%）	⑫		円

資産別固定資産減価償却内訳表

A社

自 31年4月1日
至 2年3月31日

物件名称	数量	償却方法	取得使用	耐用年数	償却率	期間	取得価額	期首帳簿価額	当期増減額	当期増減額	普通償却額	特別(割増)償却額	当期減損失額当期償却額	当期償却限度額	期末帳簿価額	(減損損失累計額)償却累計額
【建物（定額）】																
1-00 鉄筋コンクリート	1	旧定額	H18.3 H18.3	37	0.027	12	265,658,200	156,520,000			6,455,494		6,455,494	6,455,494	150,064,506	115,593,694
※資産計※ 建物（定額）							265,658,200	156,520,000			6,455,494		6,455,494	6,455,494	150,064,506	115,593,694
【建物付属設備（定率）】																
2-00 電気設備	1	H19定率	H22.2 H22.2	15	0.167	12	8,956,500	4,430,848			739,951		739,951	739,951	3,690,897	5,265,603
※資産計※ 建物付属設備（定率）							8,956,500	4,430,848			739,951		739,951	739,951	3,690,897	5,265,603
【構築物（定率）】																
3-00 緑化施設	1	H19定率	H23.8 H23.8	20	0.125	12	9,953,000	6,700,648			837,581		837,581	837,581	5,863,067	4,089,933
※資産計※ 構築物（定率）							9,953,000	6,700,648			837,581		837,581	837,581	5,863,067	4,089,933
【機械装置】																
4-00 機械式駐車場	1	H19定率	H23.2 H23.2	10	0.250	12	7,855,000	4,328,356			1,082,089		1,082,089	1,082,089	3,246,267	4,608,733
※資産計※ 機械装置							7,855,000	4,328,356			1,082,089		1,082,089	1,082,089	3,246,267	4,608,733
【器具及び備品】																
5-00 複合機器	10	定率	H25.3 H25.3	5	0.400	12	5,585,000	3,019,400			1,207,760		1,207,760	1,207,760	1,811,640	3,773,360
※資産計※ 器具及び備品							5,585,000	3,019,400			1,207,760		1,207,760	1,207,760	1,811,640	3,773,360
※合計※							298,007,700	174,999,252			10,322,875		10,322,875	10,322,875	164,676,377	133,331,323

固定資産について間接法を適用している場合には、期末帳簿価額から転記します。
ただし、減価償却超過額がある場合には、法人税申告書別表16の減価償却超過額の翌期への繰越額の金額を加算します。

ロ　相続税評価額の記載

資産負債の相続税評価額を第 5 表の「相続税評価額」欄に転記します。

第5表　1株当たりの純資産価額(相続税評価額)の計算明細書

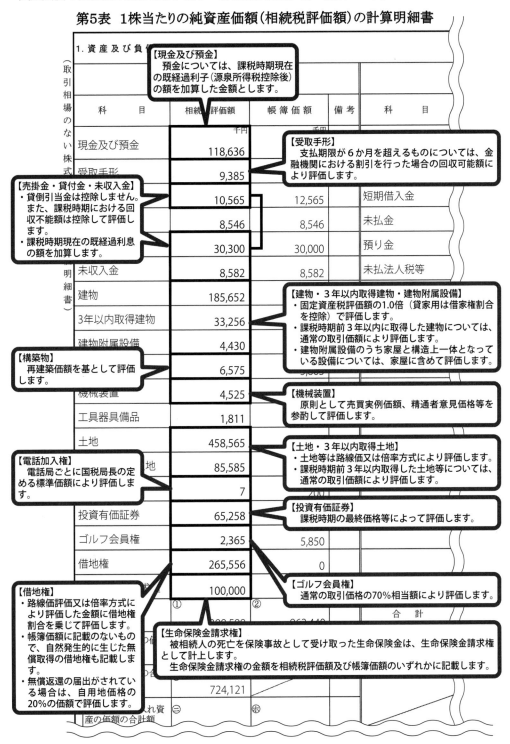

【現金及び預金】
　預金については、課税時期現在の既経過利子(源泉所得税控除後)の額を加算した金額とします。

【受取手形】
　支払期限が 6 か月を超えるものについては、金融機関における割引を行った場合の回収可能額により評価します。

【売掛金・貸付金・未収入金】
・貸倒引当金は控除しません。また、課税時期における回収不能額は控除して評価します。
・課税時期現在の既経過利息の額を加算します。

【建物・3年以内取得建物・建物附属設備】
・固定資産税評価額の1.0倍(貸家用は借家権割合を控除)で評価します。
・課税時期前 3 年以内に取得した建物については、通常の取引価額により評価します。
・建物附属設備のうち家屋と構造上一体となっている設備については、家屋に含めて評価します。

【構築物】
　再建築価額を基として評価します。

【機械装置】
　原則として売買実例価額、精通者意見価格等を参酌して評価します。

【電話加入権】
　電話局ごとに国税局長の定める標準価額により評価します。

【土地・3年以内取得土地】
・土地等は路線価又は倍率方式により評価します。
・課税時期前 3 年以内取得した土地等については、通常の取引価額により評価します。

【投資有価証券】
　課税時期の最終価格等によって評価します。

【ゴルフ会員権】
　通常の取引価格の70%相当額により評価します。

【借地権】
・路線価評価又は倍率方式により評価した金額に借地権割合を乗じて評価します。
・帳簿価額に記載のないもので、自然発生的に生じた無償取得の借地権も記載します。
・無償返還の届出がされている場合は、自用地価格の20%の価額で評価します。

【生命保険金請求権】
　被相続人の死亡を保険事故として受け取った生命保険金は、生命保険金請求権として計上します。
　生命保険金請求権の金額を相続税評価額及び帳簿価額のいずれかに記載します。

※参考　資産の部　相続税評価額及び帳簿価額の計算明細

| 勘定科目 | 貸借対照表の価額 | 財産評価明細第5表 | | 計算上の留意点 |
		相続税評価額	帳簿価額	
現金及び預金	118,635	118,636	118,635	既経過利子がある場合は加算します。118,635千円(預貯金)＋1千円(既経過利子)＝118,636千円
受取手形	9,585	9,385	9,585	支払期限未到来のものは割引を行った場合の回収金額により評価します。9,585千円－200千円(割引額料相当額)
売掛金	12,565	10,565	12,565	回収不能な金額がある場合は控除します。12,565千円－2,000千円
商品	8,546	8,546	8,546	棚卸商品等として評価します。
前払費用	6,528	—	—	財産性がないものについては、帳簿価額ともに記載しません。
短期貸付金	30,000	30,300	30,000	既経過利息がある場合は加算します。30,000千円＋300千円(既経過利息)
未収入金	8,582	8,582	8,582	回収不能な金額がある場合は控除します。
繰延税金資産	2,566	—	—	財産的価値がないため、帳簿価額ともに記載しません。
建物	265,658	185,652	116,808	(帳簿価額)3年以内取得建物と区分して記載し、間接法の場合は取得価額から減価償却累計額を控除した後の金額とします。265,658千円－33,256千円－115,594千円＝116,808千円
3年以内取得建物		33,256	33,256	
建物附属設備	8,956	4,430	3,690	(帳簿価額)間接法の場合は取得価額から減価償却累計額を控除した金額とします。8,956千円－5,266千円＝3,690千円
構築物	9,953	6,575	5,863	(帳簿価額)間接法の場合は取得価額から減価償却累計額を控除した金額とします。9,953千円－4,090千円＝5,863千円
機械装置	7,855	4,525	3,246	(帳簿価額)間接法の場合は取得価額から減価償却累計額を控除した金額とします。7,855千円－4,609千円＝3,246千円
工具器具備品	5,585	1,811	1,811	(帳簿価額)間接法の場合は取得価額から減価償却累計額を控除した金額とします。5,585千円－3,774千円＝1,811千円
土地	452,525	458,565	336,940	(帳簿価額)3年以内取得土地と区分して記載します。土地圧縮引当金の金額を帳簿価額から控除します。452,525千円－85,585千円(3年以内取得土地)－30,000千円(圧縮引当金)＝336,940千円
3年以内取得土地		85,585	85,585	
電話加入権	200	7	200	国税局が定める標準価額により評価します。
投資有価証券	81,278	65,258	81,278	上場有価証券等については、課税時期の最終価額等により評価します。
ゴルフ会員権	5,850	2,365	5,850	通常の取引価格の70％により評価します。
長期繰延税金資産	2,568	—	—	財産的価値がないため、帳簿価額ともに記載しません。
繰延資産	1,258	—	—	財産的価値がないため、帳簿価額ともに記載しません。
借地権	0	265,556	—	無償返還届出が提出されている土地については、自用地価額の20％で評価します。
生命保険金請求権	0	100,000	100,000	被相続人の死亡を保険事故として受け取った生命保険金の請求権を計上します。

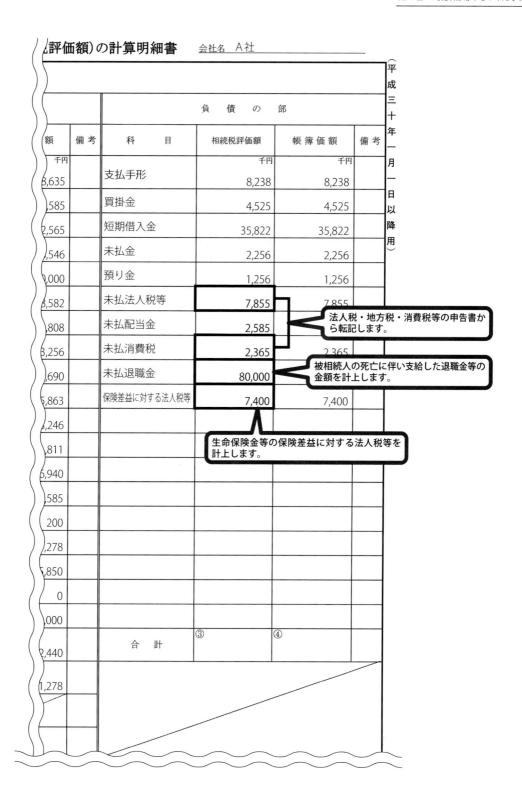

※参考　負債の部　相続税評価額及び帳簿価額の計算明細

| 勘定科目 | 貸借対照表の価額 | 財産評価明細第5表 | | 計算上の留意点 |
		相続税評価額	帳簿価額	
支払手形	8,238	8,238	8,238	
買掛金	4,525	4,525	4,525	課税時期において支払を要しないものがあれば控除します。
短期借入金	35,822	35,822	35,822	
未払金	2,256	2,256	2,256	
預り金	1,256	1,256	1,256	
減価償却累計額	133,331	—	—	有形固定資産の取得価額から控除しているため、記載しません。
未払配当金	2,585	2,585	2,585	課税時期において確定している金額のうち、未払いとなっているものを記載します。
貸倒引当金	1,585	—	—	引当金等は、純資産価額の計算上負債にならないため、計上しません。
賞与引当金	4,678	—	—	
退職給付引当金	75,856	—	—	
未払法人税等	7,855	7,855	7,855	仮決算を行っている場合の未納法人税等については、課税時期に属する事業年度に係る法人税等のうち、その事業年度開始の日から課税時期までの期間に対応する金額を負債として相続税評価額及び帳簿価額に計上します。
未払消費税等	2,365	2,365	2,365	
土地圧縮引当金	30,000	—	—	土地の帳簿価額から控除するため、記載しません。
長期繰延税金負債	8,565	—	—	負債としてみなされないため、記載しません。
未払退職金		80,000	80,000	被相続人の死亡により、相続人に対して支給した退職金、功労金等を記載します。
保険差益に対する法人税等		7,400	7,400	生命保険金の保険差益に対する法人税等を計上します。（100,000千円（生命保険金請求権）−80,000千円（退職金））×37％＝7,400千円

③　評価差額に対する法人税等相当額の計算

　純資産価額方式は課税時期現在の各資産を評価通達の定めるところにより評価した価額の合計額と評価差額に対する法人税等に相当する金額を控除した金額により計算することとされています。

　この場合の評価差額に対する法人税額等に相当する金額は、次の算式のとおり、評価差額に相当する金額に 37 ％（法人税（地方法人税含む）、事業税（特別法人事業税を含む。）、道府県民税及び市長村民税の税率の合計に相当する割合）を乗じて計算します。

$$\left(\boxed{\begin{array}{c}\text{相続税評価額による}\\\text{資産の合計額}\end{array}} - \boxed{\begin{array}{c}\text{負債の}\\\text{合計額}\end{array}}\right) - \left(\boxed{\begin{array}{c}\text{帳簿価額による}\\\text{資産の合計額}\end{array}} - \boxed{\begin{array}{c}\text{負債の}\\\text{合計額}\end{array}}\right) \times 37\,\%\text{（注）}$$

（注）
　平成 28 年 4 月 1 日以後の相続については、37 ％になりますが、同日前については、38 ％が適用されます。

④　現物出資等をした場合

　評価会社の有する資産のなかに、現物出資若しくは合併により著しく低い価額で受け入れた資産又は株式交換若しくは株式移転により著しく低い価額で受け入れた株式がある場合には、課税時期における相続税評価額による総資産価額の計算の基とした各資産の帳簿価額の合計額に、現物出資、合併、株式交換又は株式移転の時において現物出資等受入れ資産の相続税評価額から現物出資等受入れ資産の帳簿価額を控除した金額を加算することにより、現物出資等受入れ差額に対する法人税等に相当する金額は控除しないこととなっています（評基通 186-2（2））。

> 現物出資等受入れ差額＝現物出資等の時の相続税評価額－受入れ帳簿価額

　なお、課税時期における現物出資等受入資産の価額（原則として、課税時期においてこの通達の定めるところにより評価した価額）の合計額の割合が 20 ％以下である場合には、現物出資等受入れ差額に対する法人税等相当額を控除することができることとされています。

ケーススタディ　評価会社が非上場会社を所有している場合

【設例】

評価会社が次の図のように非上場会社の株式を所有している場合に、非上場会社の株式を評価する必要がありますが、評価差額に対する法人税等相当額の控除をすることができますか。

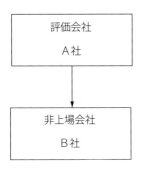

評価会社（A社）の貸借対照表			
現金預金	×××	借入金	×××
土地	×××	資本金	×××
B社株式	×××		

【回答】

非上場会社の株式を純資産価額方式により計算する場合には、評価差額に対する法人税等相当額の控除をすることはできません。

【解説】

評価会社の株式を純資産価額方式により評価する場合に、評価会社が非上場会社の株式を所有している場合には、まず、所有している非上場会社の株式の評価をする必要があります。

この場合に、非上場会社の株式（B社）を評価する場合に、評価差額に対する法人税等相当額の控除をすることはできません。

ただし、この規定は評価会社が保有する株式評価に適用されるもので、評価会社の株式（A社）を評価する場合には、法人税等相当額の控除をすることができます。

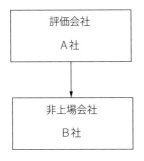

純資産価額方式（法人税等相当額を控除可）○

純資産価額方式（法人税等相当額控除不可）×

イ　「評価差額に対する法人税額等相当額の計算」欄の記載

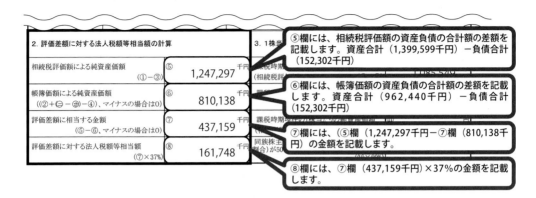

ロ　「1 株当たりの純資産価額の計算」欄の記載

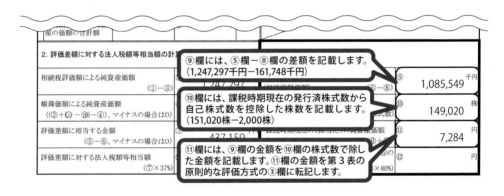

（7） STEP4　評価明細書第3表の作成

① 評価明細書第3表の記載

　STEP3で評価明細書第5表の作成が完了したら、類似業種比準価額と1株当たりの純資産価額を評価明細書第3表に転記します。

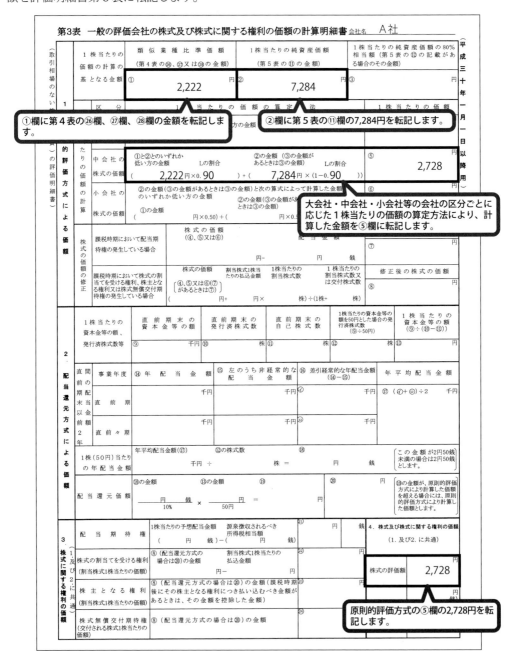

②　株式の割当てを受ける権利等の発生している株式の価額の修正

　取引相場のない株式を類似業種比準価額、純資産価額及びこれらの折衷法で評価する場合において、評価する株式について課税時期に配当期待権、株式の割当てを受ける権利、株主となる権利又は株式無償交付期待権が発生している場合は、その権利の価額を別に評価することになっているため、その株式の価額からその権利の価額を控除する必要が生じます。

　次に掲げるものは、それぞれに掲げる算式により株式の価額を修正します。

イ　配当期待権

　課税時期が次の図のように配当金交付日の基準日の翌日から配当金交付日の効力が発生する日までの間にある場合には、次の算式により計算した金額により評価します。

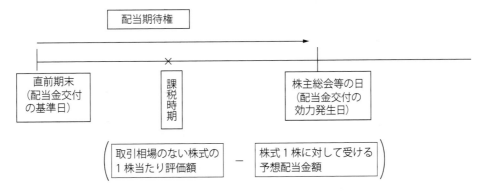

ロ　株式の割当てを受ける権利等の発生している株式

　課税時期が株式の割当等の基準日、株式の割当等のあった日又は株式無償交付の基準日のそれぞれ翌日から、これらの株式の効力が発生する日までの間にある場合には、次の算式により修正した金額により評価します。

$$\left(\begin{array}{c}\text{取引相場のない}\\\text{株式の評価額}\end{array} + \begin{array}{c}\text{割当てを受けた}\\\text{株式1株につき}\\\text{払い込むべき}\\\text{金額}\end{array} \times \begin{array}{c}\text{株式1株に}\\\text{対する割合}\\\text{株式数}\end{array} \right) \div \left(1 + \begin{array}{c}\text{株式1株に対する}\\\text{割当株式数}\end{array} \right)$$

ハ　評価明細第3表の記載

第3表　一般の評価会社の株式及び株式に関する権利の価額の計算明細書　会社名　A社

1. 原則的評価方式による価額

1株当たりの価額の計算の基となる金額	類似業種比準価額（第4表の㉖、㉗又は㉘の金額） ① 2,222 円	1株当たりの純資産価額（第5表の⑪の金額） ② 7,284 円	1株当たりの純資産価額の80%相当額（第5表の⑫の記載がある場合のその金額） ③ 円

1株当たりの価額の計算	区分	1株当たりの価額の算定方法	1株当たりの価額
	大会社の株式の価額	①の金額と②の金額とのいずれか低い方の金額（②の記載がないときは①の金額）	④ 円
	中会社の株式の価額	①と②とのいずれか低い方の金額　Lの割合　②の金額（③の金額があるときは③の金額）　Lの割合（ 2,222 円×0.90 ）＋（ 7,284 円×（1−0.90 ））	⑤ 2,728 円
	小会社の株式の価額	②の金額（③の金額があるときは③の金額）と次の算式によって計算した金額とのいずれか低い方の金額　②の金額（③の金額があるときは③の金額）（ ①の金額　円×0.50）＋（ 円×0.50）＝ 円	⑥ 円

株式の価額の修正

課税時期において配当期待権の発生している場合	株式の価額（④、⑤又は⑥） 2,728 円−	1株当たりの配当金額 100 円 00 銭	修正後の株式の価額 ⑦ 2,628 円
課税時期において株式の割当てを受ける権利、株主となる権利又は株式無償交付期待権の発生している場合	株式の価額〔④、⑤又は⑥（⑦があるときは⑦）〕（ 円＋	割当株式1株当たりの払込金額　円×	1株当たりの割当株式数又は交付株式数　株）÷（1株＋ 株）	修正後の株式の価額 ⑧ 円

> 「株式の価額」欄に④欄～⑥欄の株式の価額と1株当たりの配当金額を記載し、⑦欄に修正後の株式の価額を記載します。

2. 配当還元方式による価額

直前期末以前2年間の配当金額	事業年度	⑭年配当金額	⑮左のうち非経常的な配当金額	⑯差引経常的な年配当金額（⑭−⑮）	年平均配当金額
	直前期	千円	千円	千円	⑰（㋑＋㋺）÷2 千円
	直前々期	千円	千円	千円	

1株（50円）当たりの年配当金額	年平均配当金額（⑰）千円 ÷	⑫の株式数 株 ＝	⑱ 円 銭	この金額が2円50銭未満の場合は2円50銭とします。

配当還元価額	⑱の金額　円 銭 / 10% ×	⑬の金額　円 / 50円 ＝	⑲ 円	⑳ 円	⑲の金額が、原則的評価方式により計算した価額を超える場合には、原則的評価方式により計算した価額とします。

3. 株式及び株式に関する権利の価額

配当期待権	1株当たりの予想配当金額　源泉徴収されるべき所得税相当額（ 100 円 00 銭）−（ 20 円 42 銭）	㉑ 79 円 58 銭

4. 株式及び株式に関する権利の価額（1. 及び2. に共通）

株式の評価額	㉒ 2,628 円
株式に関する権利の評価額	㉓ 79.58 円（円 銭）
	㉔

> 「配当期待権」欄に予想配当金額と源泉所得税の金額を記載し、㉑欄に差引後の金額を記載します。

> 「株式に関する権利の評価額」欄に㉑欄～㉔欄の金額を転記します。

（取引相場のない株式（出資）の評価明細書）

（平成三十年一月一日以降用）

ケーススタディ　配当還元方式で評価する場合の株式の割当てを受ける権利等が発生している場合の価額修正

【設例】

　課税時期において株式の割当てを受ける権利等が発生している場合には、配当還元方式で計算した株式の価額について修正を要するのでしょうか。

【回答】

　配当還元方式により計算した株式の価額の修正は行いません。

【解説】

①　課税時期が株式の割当基準日の翌日からその株式の割当ての日までの間にある場合には、増資による株式の増加は実現していませんが、株式の割当てを受ける権利が発生していることになり、株式とは別に独立したものとして評価することとしています（評基通 190）。この場合、株式が上場株式であれば、その株式の割当てを受ける権利の発生と同時に株式の価額は権利落のものとなり、取引相場のない株式については、評価する株式の価額はその株式の割当てを受ける権利を含んだものとなります。

　　そこで、1 株当たりの純資産価額や類似業種比準価額などの原則的評価方式による方法で評価した取引相場のない株式の価額については、その価額を修正することとしています（評基通 184、187、189-7）。

②　一方、配当還元方式による配当還元価額は、課税時期の直前期末以前 2 年間の配当金額だけを株価の価値算定の要素としているものであり、かつ、その配当金額は企業の実績からみた安定配当によることとしていることに基づくものです。

　　増資は、一般的に企業効率の向上を図るためそれぞれの目的のもとに行われるものであり、増資による払込資金は、通常事業活動に投下され相応の収益を生むこととなります。一般に、増資によって株式数が増加しただけ 1 株当たりの配当金が減少するとは限らず、むしろ維持されるのが通常です。

　　このようなことから、安定配当の金額を基礎として評価した株式の価額は、株式の割当てを受ける権利等の権利が発生している場合であっても、1 株当たりの純資産価額や類似業種比準価額などの原則的評価方式による方法で評価する株式の場合と同一に考えることは適当ではありませんので、配当還元方式により計算した株式について課税時期において株式の割当てを受ける権利等が発生していても、その株式の価額の修正は行いません。

8 特例的評価方式

（1） 特例的評価方式の基本的な考え方

　取引相場のない株式は、原則として、類似業種比準価額方式、純資産価額方式により評価しますが、同族株主以外の株主等が取得した株式については、その株式の発行会社の規模にかかわらず原則的評価方式に代えて特例的評価方式の配当還元方式で評価します（評基通178本文ただし書、188、188-2）。

　配当還元方式は、その株式を所有することによって受け取る1年間の配当金額を、一定の利率（10％）で還元して元本である株式の価額を評価する方法です。

$$\frac{\text{その株式に係る年配当金額}_{(注)}}{10\,\%} \times \frac{\text{その株式の1株当たりの資本金等の額}}{50\,\text{円}} = \text{評価額}$$

（注）その株式に係る年配当金額は1株当たりの資本金等の額を50円とした場合の金額ですので、評価会社の1株当たりの資本金等の額が50円以外の場合には、算式中において、評価会社の直前期末における1株当たりの資本金等の額の50円に対する倍数を乗じて調整した金額により計算することになります。

(2)　特例的評価方式の判定

　特例的評価方式の適用にあたっては、次の株主の区分に応じて原則的評価方式又は特例的評価方式を判定します。同族株主がいる場合といない場合で判定方法が異なりますので、慎重な判断が必要となります。

株主の区分					評価方法
同族株主のいる会社	同族株主	取得後の議決権割合が 5 ％以上の株主			原則的評価
		取得後の議決権割合が 5 ％未満の株主	中心的な同族株主がいない場合		
			中心的な同族株主いる場合	中心的な同族株主	
				役員である株主又は役員となる株主	
				その他の株主	特例的評価（配当還元方式）
	同族株主以外の株主				

株主の区分					評価方法
同族株主のいない会社	議決権割合の合計が 15 ％以上の株主グループに属する株主	取得後の議決権割合が 5 ％以上の株主			原則的評価
		取得後の議決権割合が 5 ％未満の株主	中心的な同族株主がいない場合		
			中心的な株主がいる場合	役員である株主又は役員となる株主	
				その他の株主	特例的評価（配当還元方式）
	議決権割合の合計が 15 ％未満の株主グループに属する株主				

(3)　配当還元方式の評価の流れ

STEP 1　配当還元方式の判定（162ページ）

STEP 2　評価明細書第 3 表の作成（163ページ）

（4）　STEP1　配当還元方式の判定

配当還元方式の判定は評価明細書第1表の1に記載します。

第1表の1　評価上の株主の判定及び会社規模の判定の明細書

整理番号	

会　社　名	（電話　　　　　　　） A社				本店の所在地	
代表者氏名	甲					

課税時期	令和 2 年　　5 月　　31 日	事業内容	取扱品目及び製造、卸売、小売等の区分	業種目番号	取引金額の構成比
直前期	自 平成31年　4 月　1 日 至 令和 2 年　3 月　31 日				％

1．株主及び評価方式の判定

納税義務者の属する同族関係者グループの議決権割合（⑤の割合）を基として、区分します。

氏名又は名称	続柄	会社における役職名	④株式数（株式の種類）	⑪議決権数	議決権割合（⑪/④）
乙	納税義務者		株 2,000	個 2,000	％ 1

区分の基準となる割合	筆頭株主グループの議決権割合（⑥の割合）			株主の区分
	50％超の場合	30％以上50％以下の場合	30％未満の場合	
⑤の割合	50％超	30％以上	15％以上	同族株主等
	50％未満	30％未満	（15％未満）	同族株主等以外の株主
判定	同族株主等（原則的評価方式等）		同族株主等以外の株主（配当還元方式）	

「同族株主等」に該当する納税義務者のうち、議決権割合（⑦の割合）が5％未満の者の評価方式は、「2．少数株式所有者の評価方式の判定」欄により判定します。

> 同族株主以外の場合は、15％未満の区分に○を記載し、判定欄で同族株主等以外の株主（配当還元方式）に○を記載します。

2．少数株式所有者の評価方式の判定

項　目	判　定　内　容
氏　名	
㋑役　員	である（原則的評価方式等）・でない（次の㋺へ）
㋺納税義務者が中心的な同族株主	である（原則的評価方式等）・でない（次の㋩へ）
㋩納税義務者以外に中心的な同族株主（又は株主）	がいる（配当還元方式）・がいない（原則的評価方式等）（氏名　　　）
判　定	原則的評価方式等　・　配当還元方式

自己株式			2,000			
納税義務者の属する同族関係者グループの議決権の合計数			② 2,000		⑤ （②/④） 1	
筆頭株主グループの議決権の合計数			③ 2,000		⑥ （③/④） 1	
評価会社の発行済株式又は議決権の総数		① 151,020	④ 151,020		100	

162

（5）　STEP2　評価明細書第 3 表の作成

①　1 株当たりの配当還元方式の計算

イ　年平均配当金額

　株主資本等変動計算書などから直前期末以前 2 年間の年配当金額を確認し、次の算式から年平均配当金額を計算します。

　直前期末の資本金等の金額　27,500 千円

　直前期末の発行済株式数　　151,020 株（うち自己株式 2,000 株）

$$\frac{\overset{\text{（直前期の配当金額）}}{10,000,000 \text{円}} + \overset{\text{（直前々期の配当金額）}}{10,000,000 \text{円}}}{2} = \overset{\text{（年平均配当金額）}}{10,000,000 \text{円}}$$

$$\overset{\text{（年平均配当金額）}}{10,000,000 \text{円}} \div \frac{\overset{\text{（資本金等の額）}}{27,500,000 \text{円}}}{50 \text{円}} = \overset{\text{（1 株（50 円）当たりの年平均配当金額）}}{18.18 \text{円（注）}}$$

（注）1 株当たりの年平均配当金額が 2 円 50 銭未満の場合や、無配の場合は 2 円 50 銭とします。

ロ　1 株当たりの資本金等の金額

$$\frac{\overset{\text{（資本金等の額）}}{27,500,000 \text{円}}}{\underset{\overset{\text{（発行済株式数）}}{（151,020 \text{株}} \quad - \quad \overset{\text{（自己株式数）}}{2,000 \text{株}）}} = 184 \text{円}$$

ハ　1 株当たりの評価額

　年平均配当金額をもとに、次の算式から 1 株当たりの評価額を計算します。

$$\frac{\overset{\text{（1 株（50 円）当たりの年平均配当金額）}}{18.18 \text{円}}}{10 \%} \times \frac{\overset{\text{（1 株当たりの資本金等の額）}}{184 \text{円}}}{50 \text{円}} = 669 \text{円}$$

②　評価明細書第3表への転記

評価明細書第3表の「2．配当還元方式による価額」欄に記載します。

「2．配当還元方式による価額」欄の記載

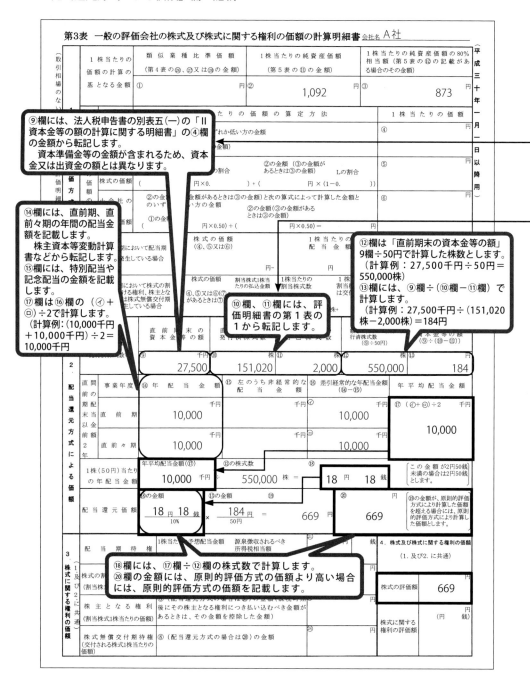

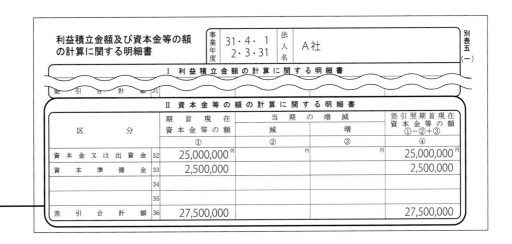

利益積立金額及び資本金等の額の計算に関する明細書

| 事業年度 | 31・4・1　2・3・31 | 法人名 | A社 | 別表五（一） |

Ⅰ　利益積立金額の計算に関する明細書

| 差　引　合　計　額 | 31 |

Ⅱ　資本金等の額の計算に関する明細書

区　　　分		期　首　現　在 資本金等の額 ①	当　期　の　増　減		差引翌期首現在 資本金等の額 ①－②＋③ ④
			減 ②	増 ③	
資本金又は出資金	32	25,000,000円	円	円	25,000,000円
資　本　準　備　金	33	2,500,000			2,500,000
	34				
	35				
差　引　合　計　額	36	27,500,000			27,500,000

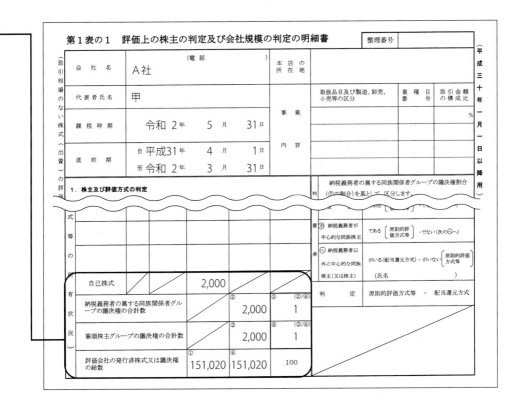

第1表の1　評価上の株主の判定及び会社規模の判定の明細書

| | 整理番号 | |

（平成三十年一月一日以降用）

（取引相場のない株式（出資）の評価）

会社名	（電話　　　　　　） A社	本店の所在地				
代表者氏名	甲		取扱品目及び製造、卸売、小売等の区分	業種目番号	取引金額の構成比	
課税時期	令和 2年　5月　31日	事業内容				％
直前期	自 平成31年　4月　1日 至 令和 2年　3月　31日					

1.　株主及び評価方式の判定

判定：納税義務者の属する同族関係者グループの議決権割合（⑤の割合）を基として区分します。

要素	㋑ 納税義務者が中心的な同族株主	である（原則的評価方式等）・でない（次の㋺へ）
	㋺ 納税義務者以外に中心的な同族株主（又は株主）	がいる（配当還元方式）・がいない（原則的評価方式等） （氏名　　　　　　　）

判定：原則的評価方式等　・　配当還元方式

株式等の所有状況						
自己株式		2,000				
納税義務者の属する同族関係者グループの議決権の合計数			② 2,000		⑤ (②/④) 1	
筆頭株主グループの議決権の合計数			③ 2,000		⑥ (③/④) 1	
評価会社の発行済株式又は議決権の総数	① 151,020	④ 151,020	100			

9　特定の評価会社の評価

（1）　特定の評価会社の評価の基本的な考え方

特定の評価会社とは、評価会社の資産の保有状況、営業の状態等が一般の評価会社と異なると認められたものについて次に掲げる表により区分される株式をいいます。

特定評価会社の区分	評価会社の要件	同族株主等		同族株主等以外
		原則	特例	
比準要素数1の会社	・直前期末の比準要素の2つがゼロ ・直前々期末の比準要素の2つ以上がゼロ	純資産価額方式 （80％評価可）	純資産価額×0.75 ＋類似業種比準価額×0.25	配当還元方式
土地保有特定会社	土地等の保有割合が一定以上の会社		―	
株式等保有特定会社	株式等の保有割合が一定以上の会社		S_1+S_2 方式	
開業後3年未満の会社等	・開業後3年未満の会社 ・比準要素がいずれも0の会社		―	
開業前又は休業中の会社		純資産価額方式（80％評価可）		
清算中の会社		清算による分配見込額の現在価値 例外として1株当たりの純資産価額（相続税評価額）		

（2）　特定の評価会社の評価の流れ

STEP 1　特定の評価会社の判定（167ページ）

⬇

STEP 2　各特定の評価会社の評価（168ページ）

（3）　STEP1　特定の評価会社の判定

特定会社の評価会社の判定は下記のフローチャートに従い判定します。

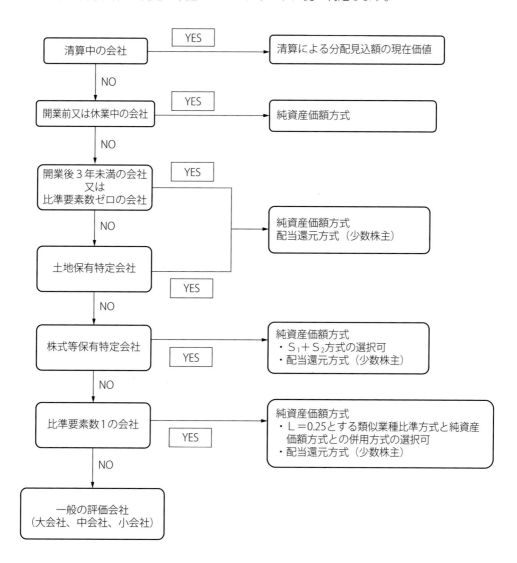

（4） STEP2　各特定の評価会社の評価

① 比準要素数1の会社
イ　比準要素数1の会社の判定

　比準要素数1の会社とは、類似業種比準方式で評価する場合の三つの比準要素である「配当金額」、「利益金額」及び「純資産価額（簿価）」のうち直前期末の比準要素のいずれか二つがゼロであり、かつ、直前々期末の比準要素のいずれか二つ以上がゼロである会社をいいます。

配当金額	直前期末：いずれか二つがゼロ
利益金額	かつ
純資産価額（簿価）	直前々期末：いずれか二つ以上がゼロ

（注）直前期末の三要素がゼロの場合は、「比準要素数ゼロの会社」となります。

ロ　評価方法

　原則として、純資産価額方式によって評価します。ただし、納税義務者の選択により、類似業種比準方式の適用割合（Lの割合）を0.25として類似業種比準方式と純資産価額方式の併用方式により評価することができます。

区分		評価方法
同族株主が取得した場合	原則	純資産価額方式（一定の場合に80％評価可（注））
	特例（純資産価額方式に代えて選択可）	類似業種比準方式と純資産価額方式との併用方式（ただし、「Lの割合」は0.25とします） 類似業種比準価額方式×L（0.25）＋純資産価額方式×（1−L）（0.75）
同族株主等以外が取得した場合	配当還元方式（この金額が上記「同族株主が取得した場合」の評価額を超える場合は、当該評価額とします）	

（注）株式の取得者等が所有する株式に係る議決権の合計数が議決権総数の50％以下となる場合は、純資産価額に0.8を乗じた金額で評価することができます。

ハ　比準要素 1 の会社の株式の記載例

比準要素 1 の会社の株式の記載例は次頁のとおりです。第 2 表、第 4 表、第 6 表に下記の金額を転記します。

【設例】

- 資本金等の額　50,000 千円
- 発行済株式数　151,020 株（うち自己株式 2,000 株）
- 各比準要素は次のとおりとなります。

	直前期	直前々期	直前々々期
年配当金額	0	0	0
年利益金額	0	△ 56,866 千円	45,658 千円
純資産価額	356,560 千円	452,560 千円	385,650 千円

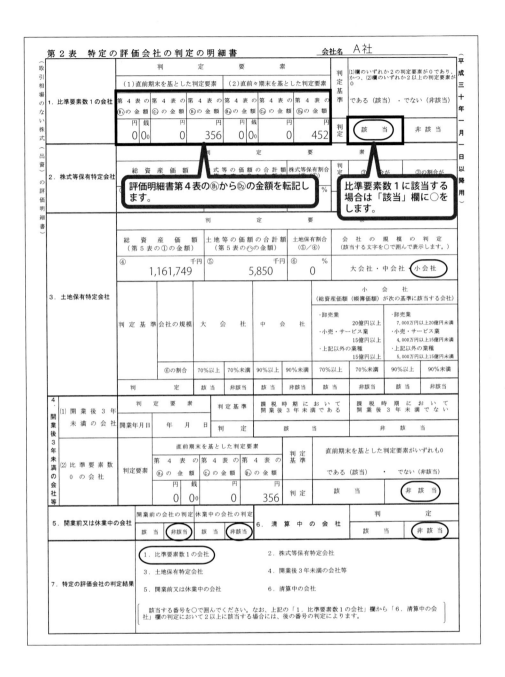

第４表　類似業種比準価額等の計算明細書

会社名　A社

〔取引相場のない株式（出資）の評価明細書〕

1．1株当たりの資本金等の額等の計算

	直前期末の資本金等の額	直前期末の発行済株式数	直前期末の自己株式数	1株当たりの資本金等の額（①÷(②-③))	1株当たりの資本金等の額を50円とした場合の発行済株式数（①÷50円）
	① 50,000 千円	② 151,020 株	③ 2,000 株	④ 335 円	⑤ 1,000,000 株

2．比準要素等の金額の計算

1株50円当たりの年配当金額

⑨欄、⑩欄から年平均配当金額を計算して記載します。

事業年度	⑥年配当金額	⑦	⑧		
直前期	千円 0	千円 0	千円 0	⑨(⑦+⑧)÷2	千円 0
直前々期	千円 0	千円 0	千円 0		
直前々期の前期	千円 0	千円 0	千円 0	⑩(⑦+⑧)÷2	千円 0

比準要素数1の会社・比準要素0の会社の判定要素の金額

⑨/⑤	Ⓑ 0 円	0 銭
⑩/⑤	Ⓑ 0 円	0 銭

1株(50円)当たりの年配当金額
Ⓑの金額 | ⑬ 0 円 00 銭 |

1株50円当たりの年利益金額

⑯欄から年利益金額を計算して記載します。

直前期末以前2（3）年間の利益金額

事業年度	⑪法人税の課税所得金額	⑫非経常的な利益金額	⑬受取配当等の益金不算入額	⑭左の所得税額	⑮損金算入した繰越欠損金の控除額	⑯差引利益金額（⑪-⑫+⑬-⑭+⑮）
直前期	千円 0	千円	千円	千円	千円	Ⓐ又は⑯+⑯÷2 Ⓒ 0
直前々期	千円 △56,866	千円	千円	千円	千円	Ⓑ又は⑯+⑯÷2 Ⓒ △56,866
直前々期の前期	千円 45,658	千円	千円	千円	千円	ⓒ 45,658

比準要素数1の会社・比準要素0の会社の判定要素の金額

Ⓐ/⑤又は(Ⓐ+Ⓒ)÷2 ⑤	Ⓒ 0 円

1株(50円)当たりの年利益金額
｛Ⓐ又は (⑯+⑯)÷2 ⑤ の金額｝ Ⓒ 0 円

1株当たりの純資産価額

⑲欄から純資産価額を計算して記載します。

比準要素数1の会社・比準要素0の会社の判定要素の金額

事業年度	⑰資本金等の額	⑱利益積立金額	⑲純資産価額
直前期	千円 50,000	千円 306,560	千円 356,560
直前々期	千円 50,000	千円 402,560	千円 452,560

⑰/⑤	Ⓓ 356 円
⑱/⑤	Ⓓ 452 円

1株(50円)当たりの純資産価額
（Ⓓの金額） Ⓓ 356 円

3．類似業種比準価額の計算

1株(50円)当たりの比準価額の計算

類似業種と業種目番号	(No. 1)	区分	1株(50円)当たりの年配当金額	1株(50円)当たりの年利益金額	1株(50円)当たりの純資産価額	1株(50円)当たりの比準価額
類似業種の株価	課税時期の属する月 5月 ① 236円	評価会社	Ⓑ	Ⓒ	Ⓓ 356	㉒×㉔×0.7
	課税時期の属する月の前月 4月 ② 224円					※中会社は0.6 小会社は0.5 とします。
	課税時期の属する月の前々月 3月 ③ 218円	類似業種	B 3 4	C 25	D 259	
	前年平均株価 ④ 215円	要素別比準割合	Ⓑ/B 0.00	Ⓒ/C 0.00	Ⓓ/D 1.37	
	課税時期の属する月以前2年間の平均株価 ⑦ 円					
	A ②、③、④及び⑦のうち最も低いもの ⑳ 215 円	比準割合	$\frac{\frac{Ⓑ}{B}+\frac{Ⓒ}{C}+\frac{Ⓓ}{D}}{3}$ = ㉑ 0.45			㉒ 48 円 3 銭
類似業種と業種目番号	(No. 7)	区分	1株(50円)当たりの年配当金額	1株(50円)当たりの年利益金額	1株(50円)当たりの純資産価額	1株(50円)当たりの比準価額
類似業種の株価	課税時期の属する月 5月 ⑦ 387円	評価会社	Ⓑ 0 円 0 銭	Ⓒ 0	Ⓓ 356	㉓×㉔×0.7
	課税時期の属する月の前月 4月 ① 374円					※中会社は0.6 小会社は0.5 とします。
	課税時期の属する月の前々月 3月 ⑦ 374円	類似業種	B 4 1	C 33	D 454	
	前年平均株価 ② 346円	要素別比準割合	Ⓑ/B 0.00	Ⓒ/C 0.00	Ⓓ/D 0.78	
	課税時期の属する月以前2年間の平均株価 ⑦ 円					
	A ②、①、⑦及び⑦のうち最も低いもの ㉓ 346 円	比準割合	$\frac{\frac{Ⓑ}{B}+\frac{Ⓒ}{C}+\frac{Ⓓ}{D}}{3}$ = ㉔ 0.26			㉓ 44 円 9 銭

1株当たりの比準価額

比準価額（㉒と㉓とのいずれか低い方）	44円 9 0銭 × ④の金額 335 円 / 50円	㉖ 300 円

比準価額の修正

直前期末の翌日から課税時期までの間に配当金交付の効力が発生した場合	比準価額（㉖） 円 - 配当金額 円 銭	修正比準価額 ㉗ 円
直前期末の翌日から課税時期までの間に株式の割当て等の効力が発生した場合	比準価額（㉖）（㉗があるときは㉗） 円 + 割当株式1株当たりの払込金額 円 銭× 1株当たりの割当株式数 株 ÷(1株+ 1株当たりの割当株式数又は交付株式数 株)	修正比準価額 ㉘ 円

第6表 特定の評価会社の株式及び株式に関する権利の価額の計算明細書 会社名 A社

評価明細書第4表の㉖欄の300円を転記します。

評価明細書第5表の⑪欄の6,770円を転記します。

左の算式で計算した金額を記載します。

		類似業種比準価額	1株当たりの純資産価額	1株当たり 相当額の
	1株当たりの価額の 計算の基となる金額	(第4表の㉕、㉗又は㉘の金額)	(第5表の⑪の金額)	
		① 300 円	② 6,770 円	③

区 分	1 株 当 た り の 価 額 の 算 定 方 法 等	1株当たりの価額
比準要素数1の会社の株式	②の金額(③の金額があるときは③の金額)と次の算式によって計算した金額とのいずれか低い方の金額 (①の金額 300 円×0.25)+(②の金額(③の金額があるときは③の金額)6,770 円×0.75)=	④ 5,152 円
株式等保有特定会社の株式	(第8表の㉘の金額)	⑤ 円
土地保有特定会社の株式	(②の金額(③の金額があるときは③の金額))	⑥ 円
開業後3年未満の会社等の株式	(②の金額(③の金額があるときはその金額))	⑦ 円
開業前又は休業中の会社の株式	(②の金額)	⑧ 円

株式の価額の修正	課税時期において配当期待権の発生している場合	株式の価額 (④、⑤、⑥⑦又は⑧)	1株当たりの配当金額		修正後の株式の価額
			円 − 円 銭		⑨ 円
	課税時期において株式の割当てを受ける権利、株主となる権利又は株式無償交付期待権の発生している場合	株式の価額 (④、⑤、⑥、⑦及び⑧(⑨があるときは⑨))	割当株式1株当たりの払込金額	1株当たりの割当株式数	1株当たりの割当株式数又は交付株式数	修正後の株式の価額
		(円 + 円 × 株) ÷ (1株 + 株)				⑩ 円

1株当たりの資本金等の額、発行済株式数等	直前期末の資本金等の額	直前期末の発行済株式数	直前期末の自己株式数	1株当たりの資本金等の額を50円とした場合の発行済株式数 (⑪÷50円)	1株当たりの資本金等の額 (⑪÷(⑫−⑬))
	⑪ 千円	⑫ 株	⑬ 株	⑭ 株	⑮ 円

直前期末以前2年間の配当金額	事業年度	⑯ 年 配 当 金 額	⑰ 左のうち非経常的な配当金額	⑱ 差引経常的な年配当金額 (⑯−⑰)	年 平 均 配 当 金 額
	直 前 期	千円	千円	千円	⑲ (⑳+㉑)÷2 千円
	直 前 々 期	㉑ 千円	千円	㉑ 千円	

1株(50円)当たりの年配当金額	年平均配当金額(⑲)	⑭の株式数	⑳	この金額が2円50銭未満の場合は2円50銭とします。
	千円 ÷	株 =	円 銭	

配当還元価額	⑳の金額	⑮の金額	㉑	㉒ 円	㉒の金額が、純資産価額方式等により計算した価額を超える場合には、純資産価額方式等により計算した価額とします。
	円 銭 ÷ 円 × 円 = 10% 50円		円		

	配 当 期 待 権	1株当たりの予想配当金額 源泉徴収されるべき所得税相当額 (円 銭) − (円 銭)	㉓ 円 銭
株式の割当てを受ける権利 (割当株式1株当たりの価額)	⑩(配当還元方式の場合は㉒)の金額 割当株式1株当たりの払込金額 円 − 円	㉔ 円
株主となる権利 (割当株式1株当たりの価額)	⑩(配当還元方式の場合は㉒)の金額(課税時期後にその株主となる権利につき払い込むべき金額があるときは、その金額を控除した金額)	㉕ 円
株式無償交付期待権 (交付される株式1株当たりの価額)	⑩(配当還元方式の場合は㉒)の金額	㉖ 円

4. 株式及び株式に関する権利の価額 (1.及び2.に共通)	
株式の評価額	5,152 円
株式に関する権利の評価額	円 (円 銭)

②　土地保有特定会社

　　土地保有特定会社とは、課税時期において、総資産価額に占める土地等の価額合計の割合（以

下「土地等の保有割合」といいます）が一定の割合以上の会社をいいます。

イ　土地保有特定会社の判定

　大会社、中会社、小会社の区分に応じて次の表で判定します。

会社区分	総資産価額（帳簿価額）基準	土地等の保有割合
大会社	①卸売業・・・・・・・・・・・・・・・20億円以上 ②小売・サービス業・・・・・・・・・・15億円以上 ③①、②以外の業種・・・・・・・・・・15億円以上	70％以上で該当
中会社	①卸売業・・・・・・・・・・・7,000万円以上〜20億円未満 ②小売・サービス業・・・・・4,000万円以上〜15億円未満 ③①、②以外の業種・・・・・5,000万円以上〜15億円未満	90％以上で該当
小会社	大会社の総資産価額基準に該当する場合	70％以上で該当
小会社	中会社の総資産価額基準に該当する場合	90％以上で該当

ロ　土地等の範囲

　判定の基礎となる土地等には、所有目的や所有期間のいかんにかかわらず、評価会社が所有する全ての土地等が含まれますので、地上権、借地権等の土地等も含まれます。

ケーススタディ　土地保有特定会社の判定の土地等の範囲

【設例】

　不動産業を行っている会社ですが、棚卸資産として所有している土地等についても、土地保有特定会社の土地等に含めて判定をするのでしょうか。

【回答】

　棚卸資産についても、土地等に含めて土地保有特定会社の判定をします。

【解説】

　判定の基礎となる土地等は、所有目的や所有期間を問わないため、評価会社が有している全てのものを含むものとしているため、棚卸資産も土地等に含まれることになります。

　なお、この場合の土地等の価額は、地価税の課税価格計算の基礎となる土地等の価額を評価する場合を除き、棚卸商品等の定めに準じて評価します。

ハ　評価方法

株主の区分	評価方法
原則	純資産価額（一定の場合には、80 ％評価可）（注）
例外 同族株主以外の株主が取得した場合	配当還元価額

（注）株式の取得者等が所有する株式に係る議決権の合計数が議決権総数の 50 ％以下となる場合は、純資産価額に 0.8 を乗じた金額で評価することができます。

二　土地保有特定会社の株式の記載例

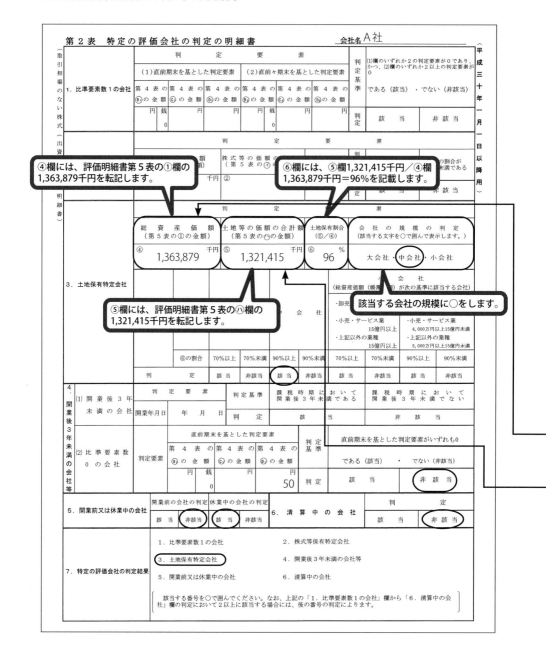

第5表　1株当たりの純資産価額（相続税評価額）の計算明細書　会社名 A社

（平成三十年一月一日以降用）

1. 資産及び負債の金額（課税時期現在）

資産の部				負債の部			
科　目	相続税評価額	帳簿価額	備考	科　目	相続税評価額	帳簿価額	備考
現金及び預金	千円 2,365	千円 2,365		支払手形	千円 8,238	千円 8,238	
売掛金	4,325	4,325		買掛金	4,525	4,525	
未収入金	235	235		短期借入金	35,822	35,822	
建物	32,520	45,820		未払金	2,256	2,256	
工器具備品	3,019	3,019		未払法人税等	9,586	9,586	
土地	955,850	858,552		未払消費税	2,365	2,365	
借地権	365,565	256,550					
合　計	① 1,363,879	② 1,170,866		合　計	③ 62,792	④ 62,792	
株式等の価額の合計額	㋑ 0	㋺ 0					
土地等の価額の合計額	㋩ 1,321,415						
現物出資等受入れ資産の価額の合計額	㋥	㋬					

土地　955,850
借地権　365,565
の合計額を転記します。

2. 評価差額に対する法人税額等相当額の計算

相続税評価額による純資産価額（①−③）	⑤	1,301,087 千円
帳簿価額による純資産価額（（②+㋬−㋥）−④）、マイナスの場合は0	⑥	1,108,074 千円
評価差額に相当する金額（⑤−⑥、マイナスの場合は0）	⑦	193,013 千円
評価差額に対する法人税額等相当額（⑦×37%）	⑧	71,414 千円

3. 1株当たりの純資産価額の計算

課税時期現在の純資産価額（相続税評価額）（⑤−⑧）	⑨	1,229,673 千円
課税時期現在の発行済株式数（第1表の1の①−自己株式数）	⑩	149,020 株
課税時期現在の1株当たりの純資産価額（相続税評価額）（⑨÷⑩）	⑪	8,251 円
同族株主等の議決権割合（第1表の1の⑤の割合）が50%以下の場合（⑪×80%）	⑫	円

第6表 特定の評価会社の株式及び株式に関する権利の価額の計算明細書　会社名 A社

1. 純資産価額方式等による価額

	1株当たりの価額の計算の基となる金額	類似業種比準価額 (第4表の㉖.㉗又は㉘の金額)	1株当たりの純資産価額 (第5表の⑪の金額)	1株当たりの純資産価額の80%相当額(第5表の⑫の記載がある場合のその金額)
		① 円	② 8,251 円	③ 円

5表の⑪欄の金額を転記します。

1株当たりの価額の計算

株式の区分	1株当たりの価額の算定方法	1株当たりの価額
比準要素数1の会社の株式	②の金額(③の金額があるときは③の金額)と次の算式によって計算した金額とのいずれか低い方の金額 (①の金額　　　円×0.25)+(　　　円×0.75)=	④ 円
株式等保有特定会社の株式	(第8表の㉑の金額)	⑤ 円
土地保有特定会社の株式	(②の金額(③の金額があるときはその金額))	⑥ 8,251
開業後3年未満の会社等の株式	(②の金額(③の金額があるときはその金額))	⑦ 円
開業前又は休業中の会社等の株式		⑧ 円

②欄の1株当たりの純資産価額8,251円を⑥欄と「株式の評価額」欄に転記します。

株式の価額の修正

課税時期において配当期待権の発生している場合	④、⑤、⑥、⑦又は⑧	1株当たりの配当金額	修正後の株式の価額
		円 － 　　円　　銭	⑨ 円

課税時期において株式の割当てを受ける権利、株主となる権利又は株式無償交付期待権の発生している場合	株式の価額 ④、⑤、⑥、⑦又は⑧ (⑨があるときは⑨)	割当株式1株当たりの払込金額	1株当たりの割当株式数	1株当たりの割当株式数又は交付株式数	修正後の株式の価額
	(　　円＋	円×	株)÷(1株+	株)	⑩ 円

2. 配当還元方式による価額

1株当たりの資本金等の額、発行済株式数等	直前期末の資本金等の額	直前期末の発行済株式数	直前期末の自己株式数	1株当たりの資本金等の額を50円とした場合の発行済株式数(⑪÷50円)	1株当たりの資本金等の額(⑪÷(⑫－⑬))
	⑪ 千円	⑫ 株	⑬ 株	⑭ 株	⑮ 円

直前期末以前2年間の配当金額	事業年度	⑯年配当金額	⑰左のうち非経常的な配当金額	⑱差引経常的な年配当金額(⑯－⑰)	年平均配当金額
	直前期	千円	㋑ 千円	千円	⑲ (㋑+㋺)÷2 千円
	直前々期	千円	㋺ 千円	千円	

1株(50円)当たりの年配当金額	年平均配当金額(⑲)	⑭の株式数	⑳	この金額が2円50銭未満の場合は2円50銭とします。
	千円 ÷	株 ＝	円 　　銭	

配当還元価額	⑳の金額	⑮の金額	㉑	㉒	㉒の金額が、純資産価額方式等により計算した価額を超える場合には、純資産価額方式等により計算した価額とします。
	円　銭 ÷ 10%	× 円 ÷ 50円 ＝	円	円	

3. 株式に関する権利の価額 (1.及び2.に共通)

配当期待権	1株当たりの予想配当金額 源泉徴収されるべき所得税相当額 (　円　銭)－(　円　銭)	㉓ 円 銭
株式の割当てを受ける権利(割当株式1株当たりの価額)	⑩(配当還元方式の場合は㉒)の金額　割当株式1株当たりの払込金額 円－ 円	㉔ 円
株主となる権利(割当株式1株当たりの価額)	⑩(配当還元方式の場合は㉒)の金額(課税時期後にその株主となる権利につき払い込むべき金額があるときは、その金額を控除した金額)	㉕ 円
株式無償交付期待権(交付される株式1株当たりの価額)	⑩(配当還元方式の場合は㉒)の金額	㉖ 円

4. 株式及び株式に関する権利の価額 (1.及び2.に共通)

株式の評価額	8,251 円
株式に関する権利の評価額	(円　銭)

③　株式等保有特定会社

　株式等保有特定会社とは、その会社が有する「株式等に係る相続税評価の合計額」のその会社の「総資産に係る相続税評価額の合計額」のうちに占める割合が50％以上である会社をいいます。

会社の規模	大会社	中会社	小会社
株式等の保有割合	50％以上		

イ　株式等の範囲

　株式等保有特定会社の判定で基になる、株式等の範囲は次のとおりです。

株式及び出資に含めるもの	株式及び出資に含めないもの
株式会社の株主たる地位を示す株式等 証券会社が保有する商品として株式 外国株式 株式制のゴルフ会員権 Jリート（不動産投資法人の投資口） 特定金銭信託 新株予約権付社債（平成30年1月1日 以降の相続等から適用）	匿名組合の出資、民法上の任意組合 証券投資信託の受益証券 自己株式

ロ　評価方法

区分		評価方法
同族株主が取得 した場合	原則	純資産価額（一定の場合には80％評価可）（注）
	特例	「S_1+S_2方式」
同族株主以外が 取得した場合		配当還元方式（「同族株主が取得した場合」の評価額を超える場合は、その評価額とします。）

　（注）株式の取得者等が所有する株式に係る議決権の合計数が議決権総数の50％以下となる場合は、純資産価額に0.8を乗じた金額で評価することができます。

ハ 「S₁+S₂方式」

「S_1+S_2方式」とは、その会社の保有している資産をS_2（その会社が保有している株式などの価額）とS_1（その他の部分の価額）に分けて評価し、その合計額により評価する方式です。

S_1	受取配当収入がなかったとした場合のその株式等保有特定会社の株式を、会社の規模に応じた原則的評価方式によって評価した額とします。
S_2	株式等保有特定会社が所有する株式等のみを評価会社の資産としてとらえ、1株当たりの純資産価額（相続税評価額による金額）によって評価した額とします。

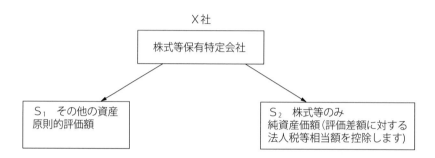

会社の規模ごとに区分した場合のS_1+S_2の評価方式は次のとおりです。

資産	その他の資産 (S_1)	大会社	修正類似業種比準価額又は修正純資産価額
		中会社	修正類似業種比準価額×L＋修正純資産価額×（1−L）
		小会社	修正純資産価額又は修正類似業種比準価額×0.5＋修正純資産価額×0.5
	株式等（S_2）		純資産価額（相続税評価額）

(イ)　S_1 の金額

ⓐ修正類似業種比準価額

　原則的評価方式が類似業種比準方式である場合の S_1 の金額は次のとおりです。

（計算式）

$$A \times \left(\cfrac{\cfrac{Ⓑ-ⓑ}{B} + \cfrac{Ⓒ-ⓒ}{C} + \cfrac{Ⓓ-ⓓ}{D}}{3} \right) \times 0.7 \ （中会社：0.6、小会社：0.5）$$

　　A＝類似業種の株価
　　B＝課税時期の属する年の類似業種の1株当たりの配当金額
　　C＝課税時期の属する年の類似業種の1株当たりの年利益金額
　　D＝課税時期の属する年の類似業種の1株当たりの純資産価額（帳簿価額）
　　Ⓑ＝評価会社の1株当たりの配当金額
　　Ⓒ＝評価会社の1株当たりの利益金額
　　Ⓓ＝評価会社の1株当たりの純資産価額（帳簿価額）
　　ⓑ＝Ⓑ×「受取配当金収受割合（注）」
　　ⓒ＝Ⓒ×「受取配当金収受割合（注）」
　　ⓓ＝(イ)+(ロ)〔Ⓓを限度とします〕

　(イ)　＝　Ⓓ　×　$\cfrac{評価会社の保有する株式等の価額（帳簿価額）}{評価会社の総資産価額（帳簿価額）}$

　(ロ)　＝　評価会社の1株（50円）当たりの利益積立金　×　「受取配当金収受割合（注）」
　　※利益積立金が負数のときは0とします。

　（注）受取配当金等収受割合　＝　$\cfrac{直前期末以前2年間の受取配当金の合計額}{\begin{array}{c}直前期末以前2年間の\\受取配当金等の額の合計額\end{array} + \begin{array}{c}直前期末以前2年間の\\営業利益の金額の合計額\end{array}}$

　　※受取配当金等の額は法人から受ける剰余金の配当（株式又は出資に係るものに限るものとし、資本金等の額の減少によるものを除きます）の合計額とします。
　　※受取配当金等収受割合は、1を限度とし、小数点3位未満を切捨てます。
　　※営業利益とは、評価会社の目的とする事業に係る利益をいいますが、評価会社の事業目的によって例えば、受取配当金等が売上高等に含まれているなど、営業利益に含まれている場合には、受取配当金等の額を営業利益の金額から控除します。

ⓑ修正類似業種比準価額の考え方

　修正類似業種比準価額の計算は会社が獲得する利益を営業活動により獲得した利益 X と保有する株式の運用益である配当金 Y の合計額である当期利益 Z から「1株当たりの配当金額Ⓑ」、「1株当たりの利益金額Ⓒ」及び「1株当たりの簿価純資産Ⓓ」が発生すると考えます。1株当たりの配当金額Ⓑ、利益金額Ⓒ及び純資産価額Ⓓを次の表に示すとおり営業活動から生じた損益計算書上の営業利益 X と保有株式から生じた受取配当金 Y の割合で按分し、営業活動から獲得した営業利益に対応する1株当たりの配当金額（Ⓑ-ⓑ）、利益金額（Ⓒ-ⓒ））及び簿価純資産（Ⓓ-ⓓ）の金額を基礎として株式以外の資産に対応する配当金額、利益金額及び純資産価額

を算定して類似業種比準価額相当額を計算しようとするものです。

その他の資産	売上高	売上原価				B−b＝14	支払配当 B20 利益金額 C80 簿価純資産 D800
		販売管理費	当期利益Z 100	70％	按分⇔	C−c＝56	
		営業利益X 70				D−d＝560	
株式	配当金	受取配当金等Y 30		30％	按分⇔	b＝6	
						c＝24	
						d＝240	

　　上記の図に従いS_1の金額であるその他の資産に対応する比準割合を計算すると次のようになります（大会社で類似業種の金額をそれぞれB10、C100、D700と仮定）。

$$配当比準割合 ＝ \frac{Ⓑ−ⓑ}{B} \longrightarrow \frac{20−6}{10} ＝ 1.4$$

$$利益比準割合 ＝ \frac{Ⓒ−ⓒ}{C} \longrightarrow \frac{80−24}{100} ＝ 0.56$$

$$簿価純資産比準割合 ＝ \frac{Ⓓ−ⓓ}{D} \longrightarrow \frac{800−240}{700} ＝ 0.8$$

　この場合、類似業種の平均株価を1,000円とした場合のS_1の金額は次のとおりとなります。

$$1,000 \times \left(\frac{1.4+0.56+0.8}{3}\right) \times 0.7 ＝ 644$$

ⓒ修正純資産価額

　原則的評価方式が純資産価額方式である場合の修正簿価純資産価額は次の算式により計算します。なお、この場合の純資産価額には、80％評価の適用はありません。

$$\frac{総資産（株式等を除く）の相続税評価額−負債の金額−評価差額に対する法人税等相当額}{課税時期における発行済み株式数（自己株式を除く）}$$

評価差額に対する法人税等相当額 ＝ 総資産（株式等を除く）の相続税評価額による純資産価額の合計額 − （株式等を除く各資産の帳簿価額 ＋ 株式等以外の資産に係る現物出資等受入差額）× 37％

㈹　S₂の金額

　S₂の金額は、株式等保有特定会社の規模に関係なく、その所有する株式等について、1株当たり純資産価額（相続税評価額）に準じて計算した金額により評価します。

　この場合において、その保有する株式等の中に著しく低い価額で受け入れた株式等があるときには、その株式等に係る含み益は次の算式の分子の帳簿価額の合計額に加算することとなっている点に注意が必要です。

$$S_2 = \frac{\text{株式等の相続税評価額の合計額} - \text{株式等に係る評価差額に対する法人税等相当額}}{\text{課税時期における発行済株式数（自己株式を除く）}}$$

$$\begin{array}{l}\text{株式等に係る評価} \\ \text{差額に対する法人} \\ \text{税等相当額}\end{array} = \begin{array}{l}\text{株式等の相続税評} \\ \text{価額の合計額}\end{array} - \left(\begin{array}{l}\text{株式等の帳簿} \\ \text{価額による合} \\ \text{計額}\end{array} + \begin{array}{l}\text{株式等に係る現物} \\ \text{出資等受入差額}\end{array}\right) \times 37\%$$

二 株式等保有特定会社の株式の記載例

評価明細書第2表・第6表・第7表・第8表の記載例

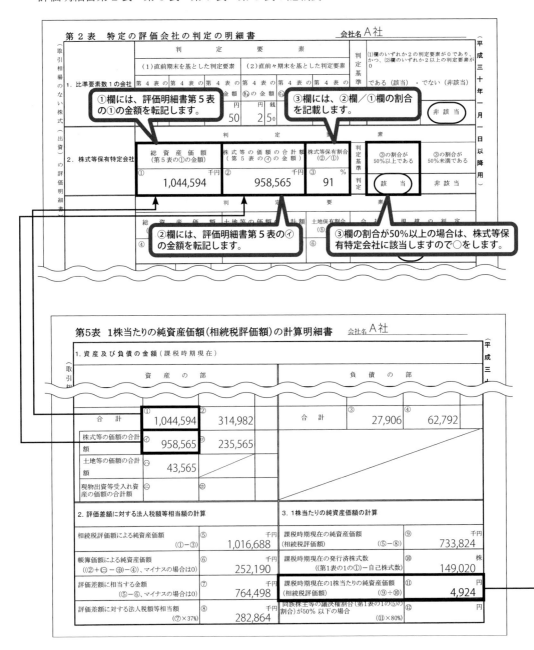

第6表　特定の評価会社の株式及び株式に関する権利の価額の計算明細書　会社名 A 社

② 欄には、評価明細書第 5 表の⑪欄の金額4,924円転記します。

⑤欄、「株式の評価額」欄には、第 8 表の㉗欄の金額を転記します。

（取引相場のない株式（出資）の評価明細書）

平成三十年一月一日以降用

1 株当たりの価額の計算の基となる金額	類似業種比準価額	1 株当たりの純資産価額	1 株当たりの純資産価額の80%
	（第4表の㉖、㉗又は㉘の金額）	（第5表の⑪の金額）	相当額（第5表の⑫の記載がある場合のその金額）
	① 　円	② 　4,924 円	③ 　円

1. 純資産価額方式等による価額

1 株当たりの価額の計算

株式の区分	1 株当たりの価額の算定方法等	1 株当たりの価額
比準要素数1の会社の株式	②の金額（②の金額がある場合はその金額）と、次の算式によって計算した金額	④ 　円
株式等保有特定会社の株式	（第8表の㉒の金額）	⑤ 　4,913
土地保有特定会社の株式	（②の金額（③の金額があるときはその金額））	⑥ 　円
開業後3年未満の会社等の株式	（②の金額）	⑦ 　円
開業前又は休業中の会社の株式	（②の金額）	⑧ 　円

株式の価額の修正

課税時期において配当期待権の発生している場合	株式の価額 （④、⑤、⑥ ⑦又は⑧） 円 －	1 株当たりの配当金額 円　銭	修正後の株式の価額 ⑨ 　円
課税時期において株式の割当てを受ける権利、株主となる権利又は株式無償交付期待権の発生している場合	株式の価額 （④、⑤、⑥、⑦ （⑨があるときは⑨）） （　　円＋	割当株式1株 たりの払込金額 円× 1 株当たりの 割当株式数 株）÷（1株＋ 1 株当たりの割当株式数又は交付株式数 株）	修正後の株式の価額 ⑩ 　円

2. 配当還元方式による価額

1 株当たりの資本金等の額、発行済株式数等	直前期末の資本金等の額	直前期末の発行済株式数	直前期末の自己株式数	1株当たりの資本金等の額を50円とした場合の発行済株式数 （⑪÷50円）	1株当たりの資本金等の額（⑪÷（⑫－⑬））
	⑪ 　千円	⑫ 　株	⑬ 　株	⑭ 　株	⑮ 　円

	事業年度	⑯ 年配当金額	⑰ 左のうち非経常的な配当金額	⑱ 差引経常的な年配当金額 （⑯－⑰）	年平均配当金額
直前期末以前2年間の年配当金額	直前期	千円	千円	㋑ 　千円	⑲ ㋑＋㋺÷2 千円
	直前々期	千円	千円	㋺ 　千円	

1株（50円）当たりの年配当金額	年平均配当金額⑲ 千円 ÷	⑭の株式数 株 ＝	⑳ 円　銭	この金額が2円50銭未満の場合は2円50銭とします。
配当還元価額	⑳の金額 円　銭 10% ×	⑮の金額 円 50円 ＝	㉑ 円	㉒ 円	㉑の金額が、純資産価額方式等により計算した価額を超える場合には、純資産価額方式等により計算した価額とします。

3. 株式及び株式に関する権利の価額

1. 及び2. に共通

配当期待権	1株当たりの予想配当金額 源泉徴収されるべき所得税相当額 （　円　銭）－（　円　銭）	㉓ 円　銭	4. 株式及び株式に関する権利の価額 （1. 及び2. に共通）
株式の割当てを受ける権利 （割当株式1株当たりの価額）	⑩（配当還元方式の場合は㉒）の金額 割当株式1株当たりの 払込金額 円－ 円	㉔ 円	株式の評価額 ㉘ 　4,913 円
株主となる権利 （割当株式1株当たりの価額）	⑩（配当還元方式の場合は㉒）の金額（課税時期後にその株主となる権利につき払い込むべき金額があるときは、その金額を控除した金額）	㉕ 円	株式に関する権利の評価額 ㉙ （円　銭）
株式無償交付期待権 （交付される株式1株当たりの価額）	⑩（配当還元方式の場合は㉒）の金額	㉖ 円	

第7表　株式等保有特定会社の株式の価額の計算明細書　　会社名 A社

①欄、②欄には、直前期、直前々期の受取配当金額、営業利益の金額を決算書から転記します。

③欄、⑥欄、⑨欄には、評価明細書第4表の⑧欄、⑥欄、⑥欄、⑩欄の金額を転記します。

（ハ）欄には、⑦÷（⑦＋⑩）の0.047（小数点以下3位未満）を記載します。

評価明細書第4表と同様に記載します。

修正後の⑤欄、⑧欄、⑰欄の金額を転記します。

（取引相場のない株式（出資）の評価）

1. S₁の金額

事業年度	① 直前期	② 直前々期	合計（①＋②）	受取配当金等収受割合（⑦÷（⑦＋⑪））※小数点以下3位未満切り捨て
受取配当金等の額	千円 695	千円 695	⑦ 千円 1,390	0.047
営業利益の金額	千円 15,895	千円 12,232	⑩ 千円 28,127	

⑧－⑥の金額	1株（50円）当たりの年配当金額（第4表の⑧）	受取配当金等収受割合（⑦）	⑧ の金額（③×⑦）	⑧－⑧の金額（③－④）
③	③ 円 2 銭 2 0	0.047	④ 円 0 銭 1 0	⑤ 円 2 銭 1 0

⑥－⑥の金額	1株（50円）当たりの年利益金額（第4表の⑥）		⑥ の金額（⑥×⑦）	⑥－⑦の金額（⑥－⑦）
⑥	⑥ 円 2		⑦ 円 0	⑧ 円 2

（イ）の金額	1株（50円）当たりの純資産価額（第4表の⑥）	直前期末の株式等の帳簿価額の合計額	直前期末の総資産価額（帳簿価額）	（イ）の金額（⑨×（⑩÷⑪））
⑨	⑨ 円 50	⑩ 千円 235,565	⑪ 千円 314,982	⑫ 円 37

（ロ）の金額	利益積立金額（第4表の⑱の「直前期」欄の金額）	1株当たりの資本金等の額を50円とした場合の発行済株式数（第4表の⑤の株式数）	受取配当金等収受割合（⑦）	（ロ）の金額（（⑬÷⑭）×⑦）
⑬	⑬ 千円	⑭ 株 1,000,000	0.047	⑮ 円

	⑯の金額（⑫＋⑮）	⑰－⑧の金額（⑨－⑯）	（注）⑯
	⑯ 円 37	⑰ 円 13	

2. 株（類似業種比準価額の修正計算）

類似業種と業種目番号	（No. 97）		区分	1株（50円）当たりの年配当金額	1株（50円）当たりの年利益金額	1株（50円）当たりの純資産価額	1株（50円）当たりの比準価額
類似業種の株価	課税時期の属する月	㋑ 5 月 269円	評価会社	⑤ 円 銭 2 1 0	⑧ 円 2	⑰ 円 13	⑱×⑲×0.7
	課税時期の属する月の前月	㋺ 4 月 274円	類似業種 B	円 銭 3 5 0	C 24	D 177	
	課税時期の属する月の前々月	㋩ 3 月 296円	要素別比準割合	⑤/B 0.60	⑧/C 0.08	⑰/D 0.07	
	前年平均株価	㋥ 300円					
	課税時期の属する月以前2年間の平均株価	㋭ 円	比準割合	(⑤/B＋⑧/C＋⑰/D)/3 ⑲ = 0.25			⑳ 円 銭 40 3 0
	A ㋑㋺㋩㋥及び㋭のうち最も低いもの	⑱ 円 269					

類似業種と業種目番号	（No. 99）		区分	1株（50円）当たりの年配当金額	1株（50円）当たりの年利益金額	1株（50円）当たりの純資産価額	1株（50円）当たりの比準価額
類似業種の株価	課税時期の属する月	㋬ 5 月 386円	評価会社	⑤ 円 銭 2 1 0	⑧ 円 2	⑰ 円 13	㉑×㉒×0.7
	課税時期の属する月の前月	㋣ 4 月 376円	類似業種 B	円 銭 4 2 0	C 20	D 156	※中会社は0.6 小会社は0.5 とします。
	課税時期の属する月の前々月	㋠ 3 月 395円	要素別比準割合	⑤/B 0.50	⑧/C 0.10	⑰/D 0.08	
	前年平均株価	㋷ 392円					
	課税時期の属する月以前2年間の平均株価	㋦ 円	比準割合	(⑤/B＋⑧/C＋⑰/D)/3 ㉒ = 0.22			㉓ 円 銭 49 6 0
	A ㋬㋣㋠㋷及び㋦のうち最も低いもの	㉑ 円 376					

1株当たりの比準価額	比準価額（⑳と㉓とのいずれか低い方） 40円 3 0銭 × 第4表の④の金額 335円/50円	㉔ 270円

（価額の修正）

直前期末の翌日から課税時期までの間に配当金交付の効力が発生した場合	比準価額（㉔） 円 － 1株当たりの配当金額 円 銭	修正比準価額 ㉕ 円

直前期末の翌日から課税時期までの間に株式の割当て等の効力が発生した場合	比準価額（㉔）（㉕があるときは㉕） (円＋	割当株式1株当たりの払込金額 円 銭×	1株当たりの割当株式数 株）÷（1株＋	1株当たりの割当株式数又は交付株式数 株）	修正比準価額 ㉖ 円

186

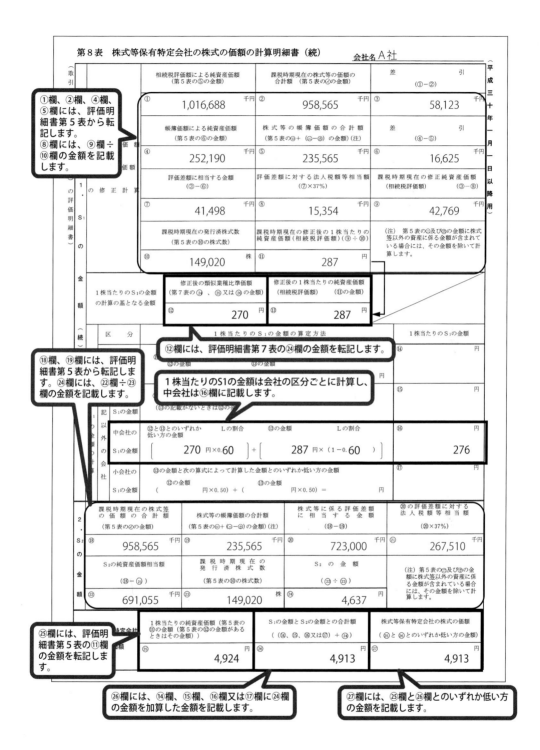

第8表　株式等保有特定会社の株式の価額の計算明細書（続）　会社名 A社

①欄、②欄、④欄、⑤欄には、評価明細書第5表から転記します。⑧欄には、⑨欄÷⑩欄の金額を記載します。

相続税評価額による純資産価額（第5表の⑤の金額）	課税時期現在の株式等の価額の合計額（第5表の⑦の金額）	差　引（①−②）
① 1,016,688 千円	② 958,565 千円	③ 58,123
帳簿価額による純資産価額（第5表の⑥の金額）	株式等の帳簿価額の合計額（第5表の⑪＋（⑫−⑬）の金額）(注)	差　引（④−⑤）
④ 252,190 千円	⑤ 235,565 千円	⑥ 16,625
評価差額に相当する金額（③−⑥）	評価差額に対する法人税額等相当額（⑦×37%）	課税時期現在の修正純資産価額（相続税評価額）（③−⑧）
⑦ 41,498 千円	⑧ 15,354 千円	⑨ 42,769 千円
課税時期現在の発行済株式数（第5表の⑩の株式数）	課税時期現在の修正後の1株当たりの純資産価額（相続税評価額）（⑨÷⑩）	(注) 第5表の⑭及び⑮の金額に株式等以外の資産に係る金額が含まれている場合には、その金額を除いて計算します。
⑩ 149,020 株	⑪ 287 円	

⑱欄、⑲欄には、評価明細書第5表から転記します。㉔欄には、㉒欄÷㉓欄の金額を記載します。

1株当たりのS₁の金額の計算の基となる金額	修正後の類似業種比準価額（第7表の㉔、㉕又は㉘の金額）	修正後の1株当たりの純資産価額（相続税評価額）（⑪の金額）
	⑫ 270	⑬ 287

⑫欄には、評価明細書第7表の㉔の金額を転記します。

区　分	1株当たりのS₁の金額の算定方法	1株当たりのS₁の金額
	⑫の金額	⑭ 円
	⑬の金額	⑮ 円

1株当たりのS1の金額は会社の区分ごとに計算し、中会社は⑯欄に記載します。
（⑮の記載がないときは⑭の金額）

中会社のS₁の金額	⑫と⑬とのいずれか低い方の金額　Lの割合　⑬の金額　Lの割合	⑯ 円
	[270 円×0.60] + [287 円×（1−0.60 ）]	276
小会社のS₁の金額	⑬の金額と次の算式によって計算した金額とのいずれか低い方の金額　⑫の金額　⑬の金額（　　円×0.50）＋（　　円×0.50）＝　　円	⑰ 円

2. S₂の金額

課税時期現在の株式等の価額の合計額（第5表の⑦の金額）	株式等の帳簿価額の合計額（第5表の⑪＋（⑫−⑬）の金額）(注)	株式等に係る評価差額に相当する金額（⑱−⑲）	⑳の評価差額に対する法人税額等相当額（⑳×37%）
⑱ 958,565 千円	⑲ 235,565 千円	⑳ 723,000 千円	㉑ 267,510 千円
S₂の純資産価額相当額（⑱−㉑）	課税時期現在の発行済株式数（第5表の⑩の株式数）	S₂の金額（㉒÷㉓）	(注) 第5表の⑭及び⑮の金額に株式等以外の資産に係る金額が含まれている場合には、その金額を除いて計算します。
㉒ 691,055 千円	㉓ 149,020 株	㉔ 4,637 円	

㉕欄には、評価明細書第5表の⑪欄の金額を転記します。

1株当たりの純資産価額（第5表の⑪の金額（第5表の⑫の金額があるときはその金額））	S₁の金額とS₂の金額との合計額（（⑭、⑮、⑯又は⑰）＋㉔）	株式等保有特定会社の株式の価額（㉕と㉖とのいずれか低い方の金額）
㉕ 4,924 円	㉖ 4,913 円	㉗ 4,913 円

㉖欄には、⑭欄、⑮欄、⑯欄又は⑰欄に㉔欄の金額を加算した金額を記載します。

㉗欄には、㉕欄と㉖欄とのいずれか低い方の金額を記載します。

④　開業後 3 年未満の会社等

　開業後間もない会社の評価に上場株式に比準して評価する類似業種比準方式を適用しては、適正な株価が算定できないことから、課税時期において、開業後 3 年未満の会社の株式については、会社規模にかかわらず、純資産価額方式しか使えないこととされています。

イ　開業後 3 年未満の会社等の判定

　(イ)　課税時期において開業後 3 年未満の会社

　(ロ)　直前期末を基とした 1 株当たりの「配当金額」、「利益金額」、及び「純資産価額」（帳簿価額によって計算した金額）がいずれも 0 である会社

ロ　評価方法

　開業後 3 年未満の会社等については、純資産価額（相続税評価額）によって評価します。

　株式の所有者等の議決権の合計数が会社の議決権総数の 50 ％以下となる場合には、純資産価額の 80 ％相当額の金額により評価することができます。

ハ　開業後３年未満の会社等の株式の記載例

第２表　特定の評価会社の判定の明細書　　会社名 A社

（取引相場のない株式（出資）の評価明細書）

（平成三十年一月一日以降用）

1. 比準要素数1の会社

判　定　要　素						判定基準	判定	
（1）直前期末を基とした判定要素			（2）直前々期末を基とした判定要素			(1)欄のいずれか2の判定要素が0であり、かつ、(2)欄のいずれか2以上の判定要素が0である（該当）・でない（非該当）		
第4表のⒷの金額	第4表のⒸの金額	第4表のⒹの金額	第4表のⒷの金額	第4表のⒸの金額	第4表のⒹの金額		該　当	非該当
円　銭　0	円	円	円　銭　0	円	円			

2. 株式等保有特定会社

判　定　要　素			判定基準	判定	
総資産価額（第5表の①の金額）	株式等の価額の合計額（第5表のⒼの金額）	株式等保有割合（②/①）	③の割合が50%以上である	③の割合が50%未満である	
① 千円	② 千円	③ ％	該　当	非該当	

3. 土地保有特定会社

判　定　要　素			会社の規模の判定（該当する文字を○で囲んで表示します。）
総資産価額（第5表の①の金額）	土地等の価額の合計額（第5表のⒽの金額）	土地保有割合（⑤/④）	
④ 千円	⑤ 千円	⑥ ％	大会社・中会社・小会社

判定基準 会社の規模	大　会　社	中　会　社	小　会　社（総資産価額（帳簿価額）が次の基準に該当する会社）		
			・卸売業　20億円以上　　・小売・サービス業　15億円以上　　・上記以外の業種　15億円以上	・卸売業　7,000万円以上20億円未満　　・小売・サービス業　4,000万円以上15億円未満　　・上記以外の業種　5,000万円以上15億円未満	

⑥の割合	70%以上	70%未満	90%以上	90%未満	70%以上	70%未満	90%以上	90%未満
判　定	該当	非該当	該当	非該当	該当	非該当	該当	非該当

4. 開業後3年未満の会社等

（1）開業後3年未満の会社

判定要素	判定基準	課税時期において開業後3年未満である	課税時期において開業後3年未満でない
開業年月日 30年 5月31日	判定	該当	非該当

（2）比準要素数0の会社

判定要素	直前期末を基とした判定要素			判定	直前期末を基とした判定要素がいずれも0
	第4表のⒷの金額	第4表のⒸの金額	第Ⓓ		
	円　銭　0	円			

> 開業年月日の欄に開業日を記載します。開業後3年未満の会社に該当する場合は「該当」欄に○をします。

5. 開業前又は休業中の会社

開業前の会社の判定		休業中の会社の判定	
該　当	非該当	該　当	非該当

6. 清算中の会社

判　定	
該　当	非該当

7. 特定の評価会社の判定結果

1. 比準要素数1の会社　　　　　2. 株式等保有特定会社
3. 土地保有特定会社　　　　　　4. 開業後3年未満の会社等
5. 開業前又は休業中の会社　　　6. 清算中の会社

該当する番号を○で囲んでください。なお、上記の「1．比準要素数1の会社」欄から「6．清算中の会社」欄の判定において2以上に該当する場合には、後の番号の判定によります。

189

第6表　特定の評価会社の株式及び株式に関する権利の価額の計算明細書　会社名 Ａ社

<平成三十年一月一日以降用>

	1株当たりの価額の計算の基となる金額	類似業種比準価額 （第4表の㉖、㉗又は㉘の金額）	1株当たりの純資産価額 （第5表の⑪の金額）	1株当たりの純資産価額の80%相当額（第5表の⑫の記載がある場合のその金額）
		① 円	② 2,225 円	③ 円

② 欄に、評価明細書第5表の⑪欄の金額を転記します。

1. 純資産価額方式等による価額

1株当たりの価額の計算	株式の区分	1株当たりの価額の算定方法等	1株当たりの価額
	比準要素数1の会社の株式	（①の金額と次の算式によって計算した金額）（ ①の金額 円×0.25）＋（ 円×0.75）＝ 円	④ 円
	株式等保有特定会社の株式	（第8表の㉘の金額）	⑤ 円
	土地保有特定会社の株式	（②の金額（③の金額があるときはその金額））	⑥ 円
	開業後3年未満の会社等の株式	（②の金額（③の金額があるときはその金額））	⑦ 2,225 円
	開業前又は休業中の会社の株式	（②の金額）	⑧ 円

⑦ 欄、「株式の評価額」欄に、②欄の金額を転記します。

株式の価額の修正	課税時期において配当期待権の発生している場合	⑦又は⑧ 円－ 円 銭	修正後の株式の価額 ⑨ 円
	課税時期において株式の割当てを受ける権利、株主となる権利又は株式無償交付期待権の発生している場合	株式の価額 （④、⑤、⑥、⑦又は⑧（⑨があるときは⑨）） 割当株式1株当たりの払込金額 1株当たりの割当株式数 1株当たりの割当株式数又は交付株式数 （ 円＋ 円× 株）÷（1株＋ 株）	修正後の株式の価額 ⑩ 円

2. 配当還元方式による価額

1株当たりの資本金等の額、発行済株式数等	直前期末の資本金等の額	直前期末の発行済株式数	直前期末の自己株式数	1株当たりの資本金等の額を50円とした場合の発行済株式数（⑪÷50円）	1株当たりの資本金等の額（⑪÷（⑫－⑬））
	⑪ 千円	⑫ 株	⑬ 株	⑭ 株	⑮ 円

直前期末以前2年間の配当金額	事業年度	⑯ 年配当金額	⑰ 左のうち非経常的な配当金額	⑱ 差引経常的な年配当金額（⑯－⑰）	年平均配当金額
	直前期	千円	千円	㋑ 千円	⑲（㋑＋㋺）÷2 千円
	直前々期	千円	千円	㋺ 千円	

1株（50円）当たりの年配当金額	年平均配当金額（⑲） ⑭の株式数 ⑳ 千円 ÷ 株 ＝ 円 銭	この金額が2円50銭未満の場合は2円50銭とします。

配当還元価額	⑳の金額 ⑮の金額 ㉑ 円 銭 × 円 ＝ 円 10% 50円	㉒ 円	㉑の金額が、純資産価額方式等により計算した価額を超える場合には、純資産価額方式等により計算した価額とします。

3. 株式及び2に共通 株式に関する権利の価額

配当期待権	1株当たりの予想配当金額 源泉徴収されるべき所得税相当額 （ 円 銭）－（ 円 銭）	㉓ 円 銭
株式の割当てを受ける権利（割当株式1株当たりの価額）	⑩（配当還元方式の場合は㉒）の金額 割当株式1株当たりの払込金額 円－ 円	㉔ 円
株主となる権利（割当株式1株当たりの価額）	⑩（配当還元方式の場合は㉒）の金額（課税時期後にその株主となる権利につき払い込むべき金額があるときは、その金額を控除した金額）	㉕ 円
株式無償交付期待権（交付される株式1株当たりの価額）	⑩（配当還元方式の場合は㉒）の金額	㉖ 円

4. 株式及び株式に関する権利の価額（1.及び2.に共通）

株式の評価額	2,225 円
株式に関する権利の評価額	（ 円 銭）

⑤　開業前、休業中の会社の株式

　取引相場のない株式の原則的評価は、評価対象会社が事業活動を行っていることが前提となっていて、その事業活動の成果である1株当たりの配当金額等を基に評価することになっています。

　そのため、課税時期においてまだ、開業するに至っていない場合又は休業中である場合には、

配当をしていませんし、利益も計上されていませんので、その会社の株式を原則的評価方式及び配当還元方式によって評価することはできないことになります。

イ　開業前又は休業中の会社の判定

開業前又は休業中とは、それぞれ次の場合をいいます。

(イ)　開業前とは、会社設立の登記は完了したが、現に事業活動を開始するまでに至っていない場合をいいます。

(ロ)　休業中とは、課税時期の前後において相当長期間にわたり休業している場合をいいます。

したがって、その休業が一時的なもので、近く事業が再開されることが見込まれる場合には、「休業中の会社」には、該当しないことになっています。

ロ　評価方法

開業前又は休業中である会社の株式等の評価額は、純資産価額（相続税評価額）によって評価します。

なお、同族株主以外の株主が取得した場合も純資産価額によって評価します。また、株式の取得者等が所有する株式に係る議決権の合計数がその議決権総数の50％以下となる場合であっても純資産価額の80％相当額の金額により評価することはできません。

ハ　開業前又は休業中の会社の株式の記載例

第２表　特定の評価会社の判定の明細書　　　会社名　A社

（取引相場のない株式（出資）の評価明細書）

（平成三十年一月一日以降用）

1．比準要素数１の会社	判定要素						判定基準	(1)欄のいずれか２の判定要素が０であり、かつ、(2)欄のいずれか２以上の判定要素が０
	(1)直前期末を基とした判定要素			(2)直前々期末を基とした判定要素				である（該当）・でない（非該当）
	第４表のⒷ₁の金額	第４表のⒸ₁の金額	第４表のⒹ₁の金額	第４表のⒷ₂の金額	第４表のⒸ₂の金額	第４表のⒹ₂の金額	判定	該当　／　非該当
	円　銭　0	円	円	円　銭　0	円	円		

2．株式等保有特定会社	判定要素			判定基準	③の割合が50%以上である	③の割合が50%未満である
	総資産価額（第５表の①の金額）	株式等の価額の合計額（第５表の㋑の金額）	株式等保有割合（②／①）	判定	該当	非該当
	①　千円	②　千円	③　%			

3．土地保有特定会社	判定要素			
	総資産価額（第５表の①の金額）	土地等の価額の合計額（第５表の㋩の金額）	土地保有割合（⑤／④）	会社の規模の判定（該当する文字を○で囲んで表示します。）
	④　千円	⑤　千円	⑥　%	大会社・中会社・小会社

判定基準	会社の規模	大会社		中会社		小会社（総資産価額（帳簿価額）が次の基準に該当する会社）			
						・卸売業　20億円以上 ・小売・サービス業　15億円以上 ・上記以外の業種　15億円以上		・卸売業　7,000万円以上20億円未満 ・小売・サービス業　4,000万円以上15億円未満 ・上記以外の業種　5,000万円以上15億円未満	
	⑥の割合	70%以上	70%未満	90%以上	90%未満	70%以上	70%未満	90%以上	90%未満
判定		該当	非該当	該当	非該当	該当	非該当	該当	非該当

4．開業後３年未満の会社等	(1)開業後３年未満の会社	判定要素	判定基準	課税時期において開業後３年未満である	課税時期において開業後３年未満でない	
		開業年月日　年　月　日	判定	該当	非該当	
	(2)比準要素数０の会社	判定要素	直前期末を基とした判定要素：第４表のⒷ₁の金額　円　銭　0 ／ 第４表のⒸ₁の金額　円 ／ 第４表のⒹ₁の金額　円	判定基準	直前期末を基とした判定要素がいずれも0　である（該当）・でない（非該当）	
				判定	該当	非該当

5．開業前又は休業中の会社	開業前の会社の判定		休業中の会社の判定		6．清算中の会社	判定	
	⃝該当	非該当	該当	⃝非該当		該当	⃝非該当

7．特定の評価会社の判定結果	1．比準要素数１の会社　　2．株式等保有特定会社 3．土地保有特定会社　　4．開業後３年未満の会社等 ⃝5．開業前又は休業中の会社　　6．清算中の会社 ［該当する番号を○で囲んでください。なお、上記の「1．比準要素数１の会社」欄から「6．清算中の会社」欄の判定において２以上に該当する場合には、後の番号の判定によります。］

開業前又は休業中の会社に該当する場合は、「該当」欄に○をします。

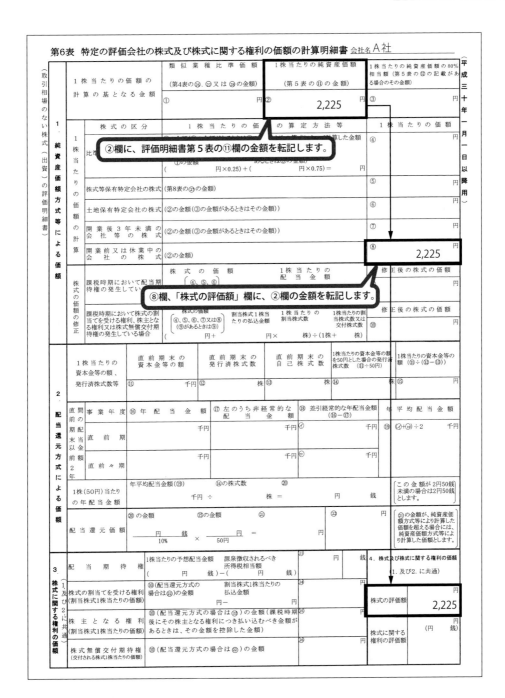

第6表　特定の評価会社の株式及び株式に関する権利の価額の計算明細書　会社名　A社

（取引相場のない株式（出資）の評価明細書）

（平成三十年一月一日以降用）

1．純資産価額方式等による価額

1株当たりの価額の計算の基となる金額	類似業種比準価額（第4表の㉖、㉗又は㉘の金額）	1株当たりの純資産価額（第5表の⑪の金額）	1株当たりの純資産価額の80%相当額（第5表の⑫の記載がある場合のその金額）
	①　円	②　2,225 円	③　円

	株式の区分	1株当たりの価額の算定方法等	1株当たりの価額
1株当たりの価額の計算	比準…	…計算した金額 ①の金額　…あるときは③の金額） （　円×0.25）＋（　円×0.75）＝　円	④　円
	株式等保有特定会社の株式	（第8表の㉗の金額）	⑤　円
	土地保有特定会社の株式	（②の金額（③の金額があるときはその金額））	⑥　円
	開業後3年未満の会社等の株式	（②の金額（③の金額があるときはその金額））	⑦　円
	開業前又は休業中の会社の株式	（②の金額）	⑧　2,225 円
株式の価額の修正	課税時期において配当期待権の発生してい…	株式の価額（④、⑤、⑥…）　1株当たりの配当金額	修正後の株式の価額 円
	課税時期において株式の割当てを受ける権利、株主となる権利又は株式無償交付期待権の発生している場合	株式の価額（④、⑤、⑥、⑦又は⑧（⑨があるときは⑨））　割当株式1株当たりの払込金額　1株当たりの割当株式数　1株当たりの割当株式数又は交付株式数 （　円＋　円×　株）÷（1株＋　株）	修正後の株式の価額 ⑩　円

②欄に、評価明細書第５表の⑪欄の金額を転記します。

⑧欄、「株式の評価額」欄に、②欄の金額を転記します。

2．配当還元方式による価額

1株当たりの資本金等の額、発行済株式数等	直前期末の資本金等の額	直前期末の発行済株式数	直前期末の自己株式数	1株当たりの資本金等の額を50円とした場合の発行済株式数（⑪÷50円）	1株当たりの資本金等の額（⑪÷（⑫－⑬））
	⑪　千円	⑫　株	⑬　株	⑭　株	⑮　円

直前期末以前2年間の配当金額	事業年度	⑯ 年配当金額	⑰ 左のうち非経常的な配当金額	⑱ 差引経常的な年配当金額（⑯－⑰）	年平均配当金額
	直前期	千円	千円	㋑　千円	⑲　（㋑＋㋺）÷2　千円
	直前々期	千円	千円	㋺　千円	

1株（50円）当たりの年配当金額	年平均配当金額（⑲）　⑭の株式数　⑳ 千円 ÷　株 ＝　円　銭	（この金額が2円50銭未満の場合は2円50銭とします。）
配当還元価額	⑳の金額　⑮の金額　㉑ （円　銭／10%）×（円／50円）＝　円 ㉒　円	（㉑の金額が、純資産価額方式等により計算した価額を超える場合には、純資産価額方式等により計算した価額とします。）

3．株式に関する権利の価額（1．及び2．に共通）

配当期待権	1株当たりの予想配当金額　源泉徴収されるべき所得税相当額 （　円　銭）－（　円　銭）	㉓　円　銭	4．株式及び株式に関する権利の価額（1．及び2．に共通）
株式の割当てを受ける権利（割当株式1株当たりの価額）	⑩（配当還元方式の場合は㉒）の金額　割当株式1株当たりの払込金額 円－　円	㉔　円	株式の評価額　2,225 円
株主となる権利（割当株式1株当たりの価額）	⑩（配当還元方式の場合は㉒）の金額（課税時期後にその株主となる権利につき払い込むべき金額があるときは、その金額を控除した金額）	㉕　円	株式に関する権利の評価額　円（円　銭）
株式無償交付期待権（交付される株式1株当たりの価額）	⑩（配当還元方式の場合は㉒）の金額	㉖　円	

⑥　清算中の会社

会社が解散してその役割を終えたときは、財産を処分し、債務を弁済し、残った財産を株主に分配します。これらの手続きを清算手続きといいます。清算中の会社とは、会社の解散登記を済ませ清算手続に入っている会社をいいますので、会社の営業や配当金の支払いなどに制限を受け、

正常な状態にある一般評価会社とは異なります。

【評価方法】

　清算中の会社の株式の評価額は、清算の結果分配を受けると見込まれる金額に基づいて評価します。清算の結果分配を受けると見込まれる金額 (注1) の課税時期から分配を受けると見込まれるまでの期間 (注2) に応ずる基準年利率による複利現価の額 (注3) によって評価します。

（注1）2回以上にわたり分配を受ける見込みの場合は、そのそれぞれの金額となります。

（注2）その期間が1年未満であるとき又はその期間に1年未満の端数があるときは、これを1年とします。

（注3）基準年利率による複利現価の額については、2回以上にわたり分配を受ける見込みの場合には、その合計額とします。

〔著者紹介〕

【編者】

税理士法人　平川会計パートナーズ

　〒101-0021　東京都千代田区外神田6丁目9番6号

　TEL　03(3836)0876　　FAX　03(3836)0886

　http//www.hirakawa-tax.co.jp

【著者】

平川　茂（ひらかわ　しげる）

　東京生まれ。中央大学商学部卒業。平成4年、財産活用・財務コンサルティング会社、株式会社 サテライト・コンサルティング・パートナーズを設立。平成24年度～26年度税理士試験において試験委員を務める。現在、税理士法人平川会計パートナーズ代表社員・税理士、株式会社サテライト・コンサルティング・パートナーズ代表取締役会長。ビジネス会計人クラブ会長、日本税務会計学会会計部門委員、中央大学会計人会理事、日本商工倶楽部監事、日本不動産カウンセラー協会監事。

　著書等：「借地権課税の実務 －個人・法人／地主・借地人別解説－」（新日本法規出版）、「こんなときどうする会社役員の責任」（第一法規出版社・共著）、「役員と会社の税務」（(財)大蔵財務協会・共著）、「判例研究 －資産の譲渡をめぐる時価」（ろっぽう新社・共著）、「定期借地権と定期所有権」（ダイヤモンド社・共著）、「定期借地権住宅活用マニュアル」（金融財政事情研究会・共著）、「企業経営に活かす最新税務・法務戦略」（財経詳報社・編著）ほか多数。

若山　寿裕（わかやま　としひろ）

　東京生まれ、明治大学商学部卒業。現在、税理士法人TOC英和・社員税理士。

　著書等：「居住用財産に係る税務の徹底解説」（税務研究会・共著）、「「事業承継税制の特例」完全ガイド」（税務研究会・共著）、「相続対策の基礎知識」（税経・共著）、「相続税実務の"鉄則"に従ってはいけないケースと留意点」（清文社・共著）、「よくわかる民事信託―基礎知識と実務のポイント」（ビジネス教育出版社・共著）、「令和2年度税制改正と実務の徹底対策」（日本法令・共著）

小山　武晴（こやま　たけはる）

　千葉生まれ。流通経済大学経済学部卒業。現在、小山武晴税理士事務所所長。税理士。

　著書等：「平成30年度税制改正と実務の徹底対策」（日本法令・共著）、「家事関連費を中心と
　　　　した必要経費の実務」（税務研究会・共著）、「民事信託実務ハンドブック」（日本法
　　　　令・共著）、「相続税　修正申告と更正の請求の実務」（税務研究会・共著）、「税理士
　　　　必携業種別税務ハンドブック」（ぎょうせい・共著）、「相続税実務の"鉄則"に従っ
　　　　てはいけないケースと留意点」（清文社・共著）

編者との契約により検印省略

平成30年4月1日　初版発行	明細書の書き方が一目でわかる
令和3年1月30日　改訂版発行	**取引相場のない株式の評価**
	完全入門〔改訂版〕

編　　　者	税理士法人平川会計パートナーズ
発　行　者	大　坪　克　行
印　刷　所	美研プリンティング株式会社
製　本　所	牧製本印刷株式会社

発 行 所　東京都新宿区　株式　税 務 経 理 協 会
　　　　　下落合2丁目5番13号　会社

郵便番号 161-0033　振替 00190-2-187408　電話 (03) 3953-3301 (編集部)
　　　　　　　　　　 FAX (03) 3565-3391　　　 (03) 3953-3325 (営業部)
URL　http://www.zeikei.co.jp/
乱丁・落丁の場合はお取替えいたします。

ISBN978-4-419-06748-9　C3032